心灵守望

主　　编：北京大学中文系主任博士生导师
　　　　　温儒敏
　　　　　北京师范大学中文系博士生导师
　　　　　王富仁

吉林人民出版社

图书在版编目(CIP)数据

心灵守望 / 温儒敏,王富仁主编. —2版. —长春:
吉林人民出版社,2011.8
(中学美文读本)
ISBN 978 - 7 - 206 - 03833 - 4

Ⅰ.①心… Ⅱ.①温… ②王… Ⅲ.①散文—文学欣赏—世界
②随笔—文学欣赏—世界 Ⅳ.①I106.6

中国版本图书馆 CIP 数据核字(2011)第 180591 号

心灵守望

主　　编:温儒敏　　王富仁
责任编辑:张立华
吉林人民出版社出版发行(长春市人民大街 7548 号 邮政编码:130022)
网　　址:www.jlpph.com
全国新华书店经销
发行热线:0431 - 85395845　　85395821
印　　刷:北京嘉业印刷厂
开　　本:650mm×960mm　1/16
印　　张:15　　　　　字　数:180 千字
标准书号:ISBN 978 - 7 - 206 - 03833 - 4
版　　次:2011 年 9 月第 2 版　　印　次:2016 年 8 月第 4 次印刷
定　　价:29.80 元

如发现印装质量问题,影响阅读,请与出版社联系调换。

序

　　这几年，文学圈儿内鼓噪得不像个模样儿，什么怪诞的、荒谬的、离奇的、粗俗的……各式各样的文学流派粉墨登场，闹得花哨，闹得热火，闹得门前冷落读者稀，还嫌不够来劲，不够刺激。于是，把"美女作家""新新人类"再推上前台，涂脂抹粉，扭腰摆臀，以争取新的亮点儿。

　　我们姑且把此类文学称之为"泡沫文学"，泡沫者，一闪即逝之物也。文学圈儿内倘若揉进了这类东西，那就无异于假冒伪劣商品，扰乱社会，坑害民众，甚至会致人残疾夺人性命——把文学硬是弄成非驴非马的模样儿，这是整个文学界的悲哀呵。

　　当然，这些年，我们的文学也有鲜亮的一面，有清新的空气，且不说那些重量级的作家推出的重量级的作品，就是一些野花小草，也丛生争妍，并时不时透出点儿韧劲儿，透出点儿暗香，叫人痴迷得癫狂不已，欲罢不能。

　　选编《中学美文读本》这套丛书的目的，就是想把散落于各地的野花小草集中起来，培以土壤，施以水肥，以供读者鉴赏。文体以时下较受青睐的精短散文、随笔为主，内容上讲究可读性、独创性和哲理性，有缠绵的情思，悠扬的春曲，亦有心灵的感悟，深沉的反醒。随手撷来，总有些油盐酱醋蕴含其中，让人几多回味，几多思索。

世纪之声交融，野花小草吐芳。

愿滂沛之文风常吹，精神之枝干常绿。

编 者

目录

怀念炊烟

怀念炊烟

■ 家

>> 芳　玉

我们用了一半时间奔波劳作，用了四分之一的时间去争吵。所剩不多的光阴，是否还够我们去沉默、去迟疑、去观望？

家，不仅是吃饭睡觉的地方，也应是天伦之乐的作坊，在这里，有孩子的笑容和父母亲温暖的脸庞……然而，居家的日子里，我总是诚惶诚恐，生怕自己又被囚禁在一间危险的手术室里。

有时，真想问一问天上的寒星：你们可曾关心过人间这微末的悲欢？在逝川之上，我们的生命并不比一星水沫更为久长，然而我们用了一半时间奔波劳作，用了四分之一的时间去争吵。所剩不多的光阴，是否还够我们去沉默、去迟疑、去观望？

每每想到这些，我真想对着那两张曾经是那般慈祥温暖的面孔，大吼一句："有话好说！"……

坐在窗前，望着窗外的小树，它需要什么呢？是水，是阳光，是空气……是呵，家，曾是我那眼泪归去的方向，多希望它不再是一间充满危险的手术室呵！然而，我总是忍着，忍着。

终于，一个阳光灿烂的午后，我一向内敛的郁闷终于释放——"爸爸，妈妈，我想和你们好好谈谈……"

记得整个下午，我们三个人的心，都在蹦跳着、燃烧着，我不由地唱起罗大佑的《家》：

"每一首苍老的涛

写在雨后的玻璃窗前

每一首孤独的歌

为你唱着无心的诺言

给我个温暖的家庭

和一个燃烧的心灵

让我这出门的背影

有个回到了家的心情……"

■ 赏 析

家是游子心中永远晃动的摇篮。谁不想让自己浸润在家的温馨和芬芳中呢?

但家又给"我"带来了多少无奈,在这间"危险的手术室里","我"触摸不到那一点点的温热,父母的争吵撕裂了"我"对家的向往,"我这出门的背影",何时才能"有个回到了家的心情"?

"我"踌躇于家的边缘,等待从那扇紧闭的房门之内,泊来一点温暖的亮光……

■ 老 屋

>> 胡 方

她每天则仍以"生煤炉"作为早晚的必修功课。炉烟很大，很浓，把这经历了沧海桑田的老屋熏得很黑，而那门上的雕花如意，更是黑得发亮了。

在旧房改造以前的白塔路和皮市街交叉处的南端角，有一幢古老的房子，我在那住了五年。

房子看来很旧了，两层楼。房顶掩在梧桐树间，抬头看时，透过稠密的树叶，灿烂的阳光下，现出残缺不全的瓦片。

这房子由两根很粗的木头斜撑着，也许是防止房屋倒掉吧。但是每当我看到这两根朽木时，总担心先倒下的会是它们自己。皮市街一度由花市变为菜市，这两根朽木也就有了新的用途——为阿胡子的鸭摊做避雨棚的骨架。这也算是物尽其用了。

老屋的主人是一个七八十岁的老太太，以前我出门经常会遇见她。她经常穿着藏青色的衣服在屋外"焐太阳"。我很少见她和邻居说话，时髦点儿就是"走自己的路，让别人说去"。也许正是这种"沉默是金"的性格，造就了这么一个身处繁华的"隐士"。

苏州人很重"邻里情"，但有时过分得让人有些腻味。一些"三姑六婆"对于他人家中的长短了解得很清楚，似乎如果不知道邻居今天家中的伙食如何，并加以一番评论，自己便也难受得非绝食不可。但她们对这位"隐士"的了解还真不算多，那些自己尚不能分清录像机和VCD机的"是非人"对她惟一一致的评价是："她，唉，落伍喽！"

我不会奇怪她仍把苏州的第一大道人民路称为护龙街。她是个很守旧的人，我有时甚至认为她还没开化。老屋进门的第一间是她的客厅兼厨房，正东赫然供着一个不知她儿子已经"孝敬"来了几年但仍然全新的煤气灶，而她每天则仍以"生煤炉"作为早晚的必修功课。炉烟很大，很浓，把这经历了沧海桑田的老屋熏得很黑，而那门上的雕花如意，更是黑得发亮了。

我和她共处了五年，渐渐有些熟了，见面也会互相笑笑。她对每天总是风风火火、耳戴 WALKMAN 的我的笑中满是不解与疑惑；而我对她的笑中，似乎有着些许的无奈。

五年中，她的炉子一直在烧——烧着早晨的泡饭，烧着中午的糖醋排骨——好久没给儿子打牙祭了。

后来，皮市街旧房改造，老屋拆了，连同那被烟熏了几十载的墙，连同那门上已经发亮的雕花如意一同拆了。老太太则拎着她的"五十年老炉"跟在搬家队后面走了。想必，在未来的新的世纪里，那炉子还会燃烧吧。

旧的东西总会越来越少，而思想仍处于过去的人呢？老房子倒了，我想，这老太太是知道的。两根朽木终究没能阻止老屋的倒塌。

■ 赏 析

老屋暗喻"迂腐和陈旧"。老太太于现代文明的阳光下面依旧显得那么"落伍"，她以"沉默"对抗着喧闹的都市，以"煤炉"对抗着"煤气灶"，以"两根朽木"支撑起昔日的那段美好回忆……

思想的"屏障"会不会随着老屋的倒塌而土崩瓦解呢？

"两根朽木"早晚会成为"阿胡子鸭摊避雨棚的骨架"，而那些陈旧的思想呢？

我想，不用担心，明天一定有一个崭新的太阳！

■ 纸 蝴 蝶

>> 郭 昕

真正的关怀，是一杯清茶就足以温暖一颗封冻的心，是一根小火柴就足以点亮一片黯淡的心空。

我坐在窗前，独自望着外面的天空，树木已经开始落叶，就像奶奶剪的纸蝴蝶，悠悠地从树上飘下来。离放假有多长时间呢？放假吧，放假就可以去乡下，去看看住在山村里的奶奶。

我用手轻轻抚摸着奶奶亲手为我剪的那只纸蝴蝶，想起去年暑假同奶奶在一起的日子，不觉笑了起来。是的，那些日子的确令人留恋。我永远忘不了奶奶看我的时候那种特别的目光。尽管奶奶不说一句话，我也能读出目光中的每一份慈爱和善良。

我想起了那个冬季的雨天。风雨中，一只满身是泥，腿部受伤的小猫不知怎么跑进了奶奶的院子，我见它实在脏得令人讨厌，想把它扔出去，奶奶却坚持把它抱进屋里，为它洗去污泥，并给它包扎好伤口，奶奶说："人要有善心，猫再小也是一条命。"

我把目光从窗外收回，又触到奶奶剪的那只纸蝴蝶，它是那么栩栩如生，尤其翅膀那么美，那么飘逸。我和奶奶约好，这个假期去看她，还让她给我剪好多好多的纸蝴蝶挂到我的房间。

这几天奶奶病了，爸爸去看她，可这么久了，连个信都没捎回。"咣——咣"几声，院门响了起来，我忙跑出去，什么也没有，外面起了风。很晚的时候，我才听到一声沉重的关门声——爸爸终于回来了。我正准备询问奶奶的病情，只见爸爸一种异样的眼光望着我，慢慢地眼里充满了泪水。这时，我才注意到爸爸手臂上的黑纱，我不禁呆住了。爸爸递给我一个精致的纸盒子，说："奶奶留给你的。"回到房间，我呆呆地坐在窗前，将盒子慢慢打开，啊，纸蝴蝶！我再也忍不住了，眼泪决堤般地涌了出来。

奶奶，您忘了我们的约定了吗？可您为什么说话不算数？我还没学会剪纸蝴蝶啊？窗外的秋风不时发出阵阵呜咽，仿佛在倾诉着我心中巨大的悲痛，一片惨淡的云，低低地掠过楼顶，向天际滑去，好像要把我的无限哀思带到山村的那一边。

许久，我哭累了，趴在桌上不知不觉睡着了。在梦中，我看见一只洁白的纸蝴蝶从山村的那一边，轻轻地向我飞来。

■ 赏 析

一只小小的纸蝴蝶，寄托着"我"对"奶奶"的绵绵亲情，也寄托着"奶奶"对"我"的殷切期盼。以物托情，两种深情就这样牢牢系于纸蝴蝶的两端。在作者的心目中，奶奶是朴实而伟大的，从奶奶那里，他学会了善待生命、热爱生命。从那只洁白的纸蝴蝶上，他读懂了奶奶洁白的心愿。

■ 老牛车

>> 陈祝春

当爱已成往事. 掠过心头的总是一丝酸楚, 如一朵美丽的花凋落了, 在枝头留下的是永远抹不去的疤痕。

刚迈进家门, 就发现本来放在屋檐下的老牛车不见了。只听见后院 "噼哩啪啦" 响成一片。我赶紧拐进后院, 看见爸爸正在肢解那辆被岁月和蛀虫侵蚀得只剩骨架的老牛车。爷爷铁青着脸瞪着眼看着他心爱的老牛车, 最终还是背过脸, 不忍看老牛车的残骸。

我把老牛车的肢体填入锅灶中, 老牛车终于化成灰尘。我的思绪也随着这跳跃的火焰回到那和牛车相伴的童年时光。

我的童年是在 "哞哞" 的牛叫声中度过的。童年是永远美好的, 可以和小伙伴们在一起玩耍, 一起放牛。伙伴中, 我总是 "孩儿王"。这是沾了家中那辆牛车的光。

爷爷为了生计, 违心地砍倒了祖房前的那棵大树, 造成了那辆牛车, 辕绳套在家中仅有的小牛颈上。从此, 爷爷便赶着牛车往返在田间地头。

小学时, 由于离家太远, 爷爷便赶着牛车送我。听着牛叫声和车轮磨擦声, 心中就愉快。爷爷每次送我都重复着那句话: "娃, 要好好念书啊, 我每天都来送你。" 我总是眯着眼睛点着头: "嗯!" 心里却想着晚上回家把牛喂得饱饱的, 明天可以飞快地把我送到学校。

上初中时, 牛已老了, 瘦骨嶙峋, 牛车也不如以前坚固。爷爷和爸爸商定给我买了自行车方便我上学。有一天，我放学回家看见村里人都围在我家门前，我挤上前，原来是爸爸买了三轮车。红色的三轮车把爸爸的脸也映得通红。有了三轮车，老牛车自然退休了，放在了角落里。

爸爸跑起了运输，家中也富裕了。便盖了新房，牛车就放在了屋檐下。爸爸见的世面也随着时间的流逝而增多，带回家的新名词也多了，什么电冰箱、洗衣机啊。爷爷总是叼着烟管，满面春风地听着。

在我顺利地升入高中后，我急急赶回家，想把这个喜讯告诉家人，却迎来了爸爸刚买回来的"东风"牌客车。爸爸高兴地拍着客车："哈，以后就看它的吧！"由于家中摆设日见增多，屋檐下的老牛车日益显得多余，但爷爷却极力保护着他。

高中的学习生活非常艰苦，但爸爸的客车每天都会经过学校门口并给我捎来家中的趣事。并且为我提供了回家时便捷的交通工具，这样可以经常回家，享受家的暖意。有次回家，见爸爸和爷爷在高兴地计划着什么。看到我，爷爷高兴地说："娃，我正想让你爸买辆轿车等你考上大学送你呢。"爸会心地笑了。爷爷沉默了一会，掐灭了香烟缓缓地说："那辆牛车已没有什么用了，就把它烧掉吧！"我和爸相视而笑。

我心中更是激动，爷爷思想变了。但我想，在他的内心深处，一定和我一样，抹不去对那老牛车的永恒记忆。

■ 赏 析

一辆老掉牙的牛车，寄托着作者多少辛酸和甜美的回忆。岁月流逝，沧桑巨变，眼睁睁看着牛车"下岗"、"东风"亮相，作者的心头划过的是一丝欣喜、一缕隐隐的酸楚。从一辆"只剩骨架"的老牛车身上，作者看到了社会的嬗变，看到了生活的希望，但无论如何，也抹不去作者对昔日生活的深深眷恋——那段艰苦的岁月留给作者的是意味深长的思考，是现代文明所无法取代的精神财富，是对未来生活的珍惜！

月圆月缺

>> 张彦清

月圆终有月缺时，同样月缺是为了月儿更好的圆。阴差阳错、交替轮转时难免留下悲喜哀乐。苍天难得永远晴空万里，但苦后会有甜来，就像月缺还有月圆一样。

从故乡来到异乡，带着沉重的心情，连同父母的良好希望一起装在背包里，从彼到此，分量更觉重了。求学在外，和众多有钱人的子弟们共读同一窗下，不觉中学会了虚荣，而后，更多的却是应付面子问题。当中秋如约而来的那个晚上，我所拥有的不是别人手中香香甜甜的月饼，而是一份忧伤的孤寂，一份痛苦的相思，也只有那轮月公平地照射着我时，我才找回我的存在，并再度虚荣地认为富有。独自赏月，月儿独与我谈心。明月千里寄相思，而中秋圆月更寄相思于千里。想到家人或许在月亮升上天空的时候，还在那片一年年寄予希望的土地上辛苦劳作，不知是眼睛模糊了，还是心情太坏而月亮暗淡了，它不再那样明。

我一直有一个梦想：如果没有中秋节该多好啊！那样就不会让我心酸，也不会让我受相思之苦。家人们为了更大的希望，中秋之夜连像我"穷"坐月下的福分也因疲劳而取代了，然而他们没忘对我的关心。"孩子，中秋过的好吗？今年中秋，我们吃的还是你妈白面粉加白糖做的'土月饼'，往年呀你不想吃。今儿你想吃，也够不着了。这'土月饼'还挺香的，真的!"在父亲和全家人的生活中，只要我还上学，他们的生活，就如同父亲所说的"土月饼"一样，"挺香的"。电话的这头，我忍住哽咽。"爸，今年中秋节，我过得很好，不过遗憾的是没有吃到妈妈做的'土月饼'，因为它比我吃的那些商店里的'洋月饼'香多了。"我撒谎了，究竟那些包装精美的"洋月饼"香不香? 我是不知道的。因为我不忍心花父亲的钱去买连他老人家也不舍得吃的东西。

生活中有甜、有苦，甜的就像父亲的'土月饼'，苦的就如同我不愿吃的"土月饼"。月圆终有月缺时，同样月缺是为了月儿更好的圆。阴差阳错、交替轮转时难免留下悲喜哀乐。苍天难得永远晴空万里，何况我们这些凡夫俗子呢? 但我相信，苦后会有甜来，就像月缺还有月圆一样。

■ 赏析

月到中秋，给异乡的人们平添了多少思乡的惆怅，面对圆月体悟亲情，那份遥远的回忆会深深地打动每一个人。尤为可贵的是，作者将目光投向了更远处。从文章的结尾可以看到，作者在今日的月缺看到了明日的月圆，就如同作者所说:"生活中有甜、有苦，甜的就像父亲的'土月饼'，苦的就如同我不愿吃的'土月饼'。"富有哲理又意味深长。

■ 溪水如斯

>> 长天庆

诗人也好，英雄也罢，"千古风流人物"终被滚滚的流水淘尽。这涤荡、滋润着我的心灵，使我从前人的情思中受到某些启迪，获得释然和解脱。

故乡村旁有条弯弯的小溪，清清的，绕村流过，四季不息。

春来了，溪边盛开金针花，引得蜂飞蝶舞；冬天，水面结有一层薄薄的冰，晶莹剔透，你能看到溪水跳着、舞着，潺潺流向远方。

自从小溪的源头"龙王泉"被填死后，便只剩下一弯干涸的渠道。说它干涸也不尽然，每到雨季，总有一些积水存留下来，微风吹过，水面缬皱着，倒也泊泊然、粼粼然。

儿时，在溪水边常看到姑娘、村妇浣洗的身影。那时的我喜欢一个人静静地望着溪水，独自倾听哗哗的流水声，出神地望着、望着……想些什么呢？说不清，现在也记不得了。大概总有一些借助那水光波影而使童稚的心灵有所感动的东西吧！因为水是可爱的。

随着年龄的增长，知道了"智者乐水，仁者乐山"这句话，不免感念圣人的高明。但也有些茫然，见过比故乡小溪气派得多的大河，面对浑浊的流水，思绪常被牵去很远，但儿时在溪畔与水心交神会的懵懂感觉，却很难再现。

再以后，漂泊辗转，寄身他乡，难得见到如故乡小溪的一泓碧水，几缕清波。偶尔行经名川大河，目光虽不免顾盼留连，然而行旅匆匆，身心难能与之交流，心田总不免有种干涸的感觉。

幸好，我的居处虽无水，案头却常有书。我发现书里古人与水相会，留下了许多"观水"佳话。

你看：屈子泽畔行吟，魏武观海遗篇，陶公问津桃源，东坡赤壁作赋……骚人临水之际，是何等兴致淋漓！

再看：范蠡五湖泛舟，达摩一苇渡江，宗泽三呼过河，苻坚投鞭断流……志士凭流之时，又是何等意气风发！

人心灵对水的感受，或水对人心灵的昭示，常常是因人、因时、因事、因势而大相径庭。此谓"观水有术"。水不同，人相异，不必不然，亦不必尽然。其实流水无言，古圣先贤却把如许沉重的人生感慨托寄给了它。

然而，流水却是有情的。这情属于生命，属于热爱生命和用心去体味人生历史的人。

俱往矣！

诗人也好，英雄也罢，"千古风流人物"终被滚滚的流水淘尽。留下的惟有与水神交的晶体。

有了这些晶体，心中便常闪现着溪水的踪影。每每一些忧与乐索回于胸时，它就会涤荡、滋润着我的心灵，使我从前人的情思中受到某些启迪，获得释然和解脱。

溪水如斯，包含了多少难言的会心与默契。

■ 赏 析

本文从故乡的小溪落笔，状写了故乡小溪清幽纯净，以及古人先贤观水、识水、用心去体察水的情状。抒写了对旧日故乡小溪的眷恋，对人生世事的独特感悟。表达了热爱生活、体察人生的豁达情怀。

溪水如斯，人生如斯。从溪水中洞悉人生的真谛，澄明心境，耐人寻味……

■ 老 街

>> 陈 强

难忘的是雨季的一切，老街是一架古老的琴，细细密密的雨珠由轻而重，轻轻重重敲打着老街，低沉的节奏自有一种寂寞与凄凉，时而有一股股细流沿瓦槽屋檐潺潺泻下，像一声声单调的琴音流过小街。难忘的还在雨后，轻松地飞过老街青石上的流光、踩出一串一串的水花向前走去，四周也一片清新。

老家，就有一条街。

老街，还不到一里长。

铺满青石的路面，灰蒙蒙的房屋，七零八落的店铺，唯有偶尔一辆瞬间驶过的汽车扬尘而去或是谁家小孩的哭声夺窗而出，给老街带来几分生气，给老街带来几分话题。

老家的历史写在老街上。

老街的一旁，立一建于老早的寺庙。高大的房身已倾斜，结实的石阶已不平，但这里却是老家的学校。寺庙曾是一块香火鼎盛的地方，如今已是风烛残年，庙前的古松也愈加苍劲，树下却复归为一片操场，操场中仍有两块平躺着的石碑，记载着某年某月的一段故事。

难忘的是雨季的一切，老街是一架古老的琴，细细密密的雨珠由轻而重，轻轻重重敲打着老街，低沉的节奏自有一种寂寞与凄凉，时而有一股股细流沿瓦槽屋檐潺潺泻下，像一声声单调的琴音流过小街。于是，破庙里一边读书，一边用破瓷盆罐接雨的孩子们又增添了一种烦闷和不安，想冲破这雨帷，想走在老街上。

难忘的还在雨后，轻松地飞过老街青石上的流光、踩出一串一串的水花向前走去，四周也一片清新。这时，胖嫂的小摊上，锅里的水一定沸得直冒水泡，递二角钱上去，一碗飘着蛋丝葱花的馄饨便能立刻送到嘴边，抑或到小卖部买一块枣饼，于是酸酸的味儿便沁透了一个黄昏。没钱的时候，便去铁匠铺看匠人们将烧红的铁块像捏面团似的捏成长长圆圆方方，看保健站的医生小心翼翼地把药分给一个又一个的病人……看久了，自有一种难以形容的乐趣。当然，钻到老师家的书房里，则另当别论，那会是另一种心境与情景。

在我不能解诗的年龄，诗就写在老街上。

几乎每一个未长大的孩子都喜欢老街，几乎每一个长大的孩子都想离开老街，因为老街的天地太狭小。父亲终于走出了老街，却在外面闯荡数年后返回老街，在度过几十年的教书生涯后终于没再离开老街，尽管他的学生已走到了天涯海角。我如今虽然也告别了老街，但心中却丝毫不能忘记老街，也许数年之后，我也会如父亲那样回来，但我将用另一种心情拥抱老街，我将在晨曦暮霭的沉思冥想中和老街共叙人生。

其实，不及一里的老街是与历史等长，一个又一个新的生命已踏上征程。

■ 赏 析

文章用质朴淡雅的语言，低沉舒缓的语气，营造出一片古老苍凉的意境。

　　历史的车轮隆隆驶过，而老街一如既往，没有任何改变。老街古老、安静，破败，没有活力，却也有别样的风情和诗意，它的寺庙、青石板路、古松、石碑、淳朴民情、读书声、古老的故事，以永恒而不语的宁静、魅力牢牢抓住老街人的心，使人们无论天涯海角总也拂不去故土情怀。然而，老街太老了，所以"新的生命踏上征程"，离开了它。

月是故乡明

>> 王代君

月亮的清辉从树叶的空隙中泄下来，落在地上，披在我身上，一丝一缕。它抚摸着我、亲吻着我，轻轻的、柔柔的。沐浴着这溶溶月波，我恍惚觉得那挂在树梢上的月亮是个圆圆的水晶般玲珑的鸟巢，那满天的星星，不就是从中飞出来的一群小鸟吗？那小鸟，那鸟巢仿佛就能摸到，因为童心和月亮是没有距离的。

夜阑人静，万籁俱寂。喧闹了一天的城市进入梦乡。唯有那一轮圆圆的月高高悬挂、傲视人间。不知何故，我常喜欢独自凝望夜空，有时我感到大地如此宁静，似乎有些空旷。月儿高高在上，显得有些冷漠、暗淡，是那么可望而不可即。或许，它不是我故乡的明月。

提起我的故乡，那是个美丽的小山村，那里有我亲爱的爷爷、奶奶、小伙伴和那一轮冰清玉洁的明月。

小时候，每逢月亮升起，我便特别兴奋，尤其是夏夜，我和小伙伴们在院子里踩着月光跑呀、跳呀、笑呀，玩个不停。皎洁的月光如流水一般静静地泻下来。花草树木仿佛在牛奶中洗过一样，又像是笼着轻纱的梦，我们就是在这梦一般的境中重复着童年的故事。

每当夜幕降临之际，吃过饭，大人们就端着凳、摇着扇出去乘凉，或三五成群的聚在院中或三三两两的来到村口。我总是趁家人不在意，和小伙伴们一溜烟儿来到小河边，在这里，我们可以无拘无束、自由自在的泼水、嬉戏。玩累了，或在草地上打个滚、翻个跟头，或围成一圈讲故事，说笑逗趣，好不惬意。而我那时似乎不大合群，总爱独自默默地靠在大树下，数星星、看月亮，那水中的月影，肯定是个宝盆，满河的水都是从那儿流出来的，要不河水怎么会银波闪闪，晶莹如玉。

月亮的清辉从树叶的空隙中泄下来，落在地上，披在我身上，一丝一缕。它抚摸着我、亲吻着我，轻轻的、柔柔的。沐浴着这溶溶月波，我恍惚觉得那挂在树梢上的月亮是个圆圆的水晶般玲珑的鸟巢，那满天的星星，不就是从中飞出来的一群小鸟吗？那小鸟，那鸟巢仿佛就能摸到，因为童心和月亮是没有距离的。

在一碧如洗的月光下，花眠了，草睡了，小鸟也停止歌唱，只有我们欢乐的笑声和着淙淙的河水声回荡在小河上空。谁料，大人们却闻声找来了，各自拽着自家的孩子边数落边往家走。我们只好磨磨蹭蹭地跟在大人们后头，恋恋不舍地回头和那小河、明月告别。

儿时的欢笑、幼稚的遐想早已如那西沉的故乡明月渐渐逝去，埋藏在故乡那一方明月照耀的净土中。明月当头，又何止我一个仰望明月、思念故乡？要不怎么会有李白的"举头望明月，低头思故乡"呢？古往今来几千年，那圆圆的银盘，弯弯的月芽呵，不知挂满了人间多少相思，多少忧愁，多少悲欢离合，那圆圆的希望，那弯弯的忧伤，不知穿透多少游子的胸膛！

然而，我虽然身在异乡，但心中那份浓浓乡情却永远不变。因为我们每个人心中总觉得"月是故乡明"。

■ 赏 析

本文以月亮为线索，追述了月光下童年生活的片断。童心和野趣编织了一幅幅童话般美丽的画面。寓情于景，抒发对故乡的几多深情。

文章的语言优美流畅，比喻生动而确切。月光"抚摸着我、亲吻着我，轻轻的、柔柔的"，"那挂在树梢上的月亮是个圆圆的水晶般玲珑的鸟巢，那满天的星星，不就是从中飞出来的一群小鸟吗？"这些比喻会引起人们的多少联想啊！

■ 我爱你啊，小村

>> 陈耳东

　　虽然我现在不能伴着你哼小调一直到梦中，虽然我不能为你分担一点雨水和泥泞带来的烦恼，但我要在村头捧起你的一块沃土，揣进怀里，抚慰我那颗思念不已的心；我要采撷小村烈士墓旁几朵盛开的花儿，夹在日记本里，天天在灯下温习你那独特的馨香；我要在小村的清澈如明眸的碧池里，舀一勺清水，浇在亲手培植的万年青的花盆里，让它长成一簇滴绿的青翠，给我永远的充满生气的慰藉和鼓励……

　　我想集合所有的星星和萤火虫，照亮那渐渐隐去的乡间小道，去寻找在心中云回雾绕的小村；我想坐在一朵洁白如绢的云彩上，牵着缕缕清亮的风，飘向那令我日思夜想的小村；我想用我的永不消隐的梦精心织成一张网，打捞起童年的可爱可笑、纯真无瑕、绚丽多姿……

　　怎能叫我不喜欢呢，我的小村啊！

　　我喜欢那夕阳下在冬青树根旁互相追逐逗引，为一条小虫而穷追不舍的毛绒绒的小雏鸡；我喜欢那总爱蹦跳着走路，用未出牙的小嘴拼命嗫吮母羊殷红乳头的小山羊；我喜欢紧跟在母牛屁股后头亦步亦趋，并且温顺地舔我手心的小牛犊；我喜欢那只脖子上挂着小铜铃，总爱在我脚前腿后撒欢打滚献媚取宠的小花狗——"阿灵"的憨厚忠实……

怎能叫我不想念你啊，我的小村！

我想念那饱含着农家人勤劳和热情的"暖暖远人村，依依墟里烟"的静谧纯朴、淡雅温馨；我想念四季不断的高亢激越的劳动号子发散出的农民伯伯们特有的豪爽和粗犷的笃实与纯真；我想念那牧童赤脚叉在牛背上驮着金色的晚霞、哼着自个儿杜撰的小调的那股悠然自得的傻乎劲儿；我想念奶奶在挥汗如雨的夏天黄昏，常和邻里的婆媳们在老槐树的浓荫里唠叨不完的山海经的曲折有趣，逗引得年轻的媳妇们起来揉闹而心神不宁……

怎能叫我不感激你啊，我的小村！

因为小村里蜗居着我的奶奶。感激她那双厚大、粗糙而万能的手。是这双手，搂抱我到露水已沾水衣的纺织娘忍受纵情唱晚的田埂草丛，找回白天失落的魂儿；是这双手，多少次在昏黄的油灯下为我缝补被枝桠扯破的那件小花褂；是这双手，搀扶着我跌跌撞撞地在窄小的泥路上蹒跚地走向书声琅琅的课堂；是这双手，每晚轻轻地抚着我的魂魄，拍我沉入甜蜜的梦乡；奶奶，我真想一步飞到您的身边，扑进您的怀里，在葡萄架下，再一次听您讲蚂蚁大水中带领子女搬家的动人故事；我真想搀着您的手，在潮润的田垅上贪婪地吮吸油菜花的馥郁的芳香；我真想在星期天的晨霭和细雨中，用那根细韧的紫色钓竿拉起一条半斤重的鲫鱼给您煮一碗鲜美的鱼汤，来补补您被岁月摧残得困乏不堪的身子骨……奶奶，我真想飞到您的膝下啊，温暖您那慈祥孤独的心……

怎能不爱你啊，我的小村！

虽然我现在不能伴着你哼小调一直到梦中，虽然我不能为你分担一点雨水和泥泞带来的烦恼，但我要在村头捧起你的一块沃土，揣进怀里，抚慰我那颗思念不已的心；我要采撷小村烈士墓旁几朵盛开的花儿，夹在日记本里，天天在灯下温习你那独特的馨香；我要在小村的清澈如明眸的碧池里，舀一勺清水，浇在亲手培植的万年青的花盆里，让它长成一簇滴绿的青翠，给我永远的充满生气的慰藉和鼓励……

小村啊，在我的微笑里，在我的追逐里，在我的事业里，在我的憧憬里，在我的生命里，都留存你不灭的清晰的倩影，活着的灵魂……

小村啊，我热爱你！

■ 赏析

那是小村悠远的歌谣，那是小村弯弯的小道，那是小村洁白的云、清凉的风……装满"我"的眼睛、我的心灵的小村啊！

小山羊在哪里？小花狗在哪里？激越的劳动号子在哪里？奶奶的笑在哪里？……

这是离乡游子的深情呼唤，这是一颗漂泊异地的心灵的声音！

请接纳我思念的眸子，请重新让"我"走进生活无限的情趣之中吧！

故乡、老树、小河与我

>> 朱益民

爱像一瓶香水，洒在别人身上，也香着了自己。

又是一个温馨、幸福然而又很遗憾的梦！

还未等我仔细触及，亲一亲童年时故乡的老树、小河，这梦便被一潭泪水化尽。

而刚刚醒来，泪水又干涸了，只任那窗外如诉离愁的月光牵着我梦中的思绪飘呀飘……

"爷爷，你总说这老树很老，它有多大了呢？"夏夜，儿时的我依偎在爷爷怀里，在村头老树前纳凉，总喜欢问这些深不可测的问题。

"它呀，在爷爷像你这样小的时候问我的爷爷，他也不知道。"

"爷爷也有爷爷？那这树有爷爷胡子那样多的年龄吗？"

"有，有。这老树很久以前本是会走的，而且结满了金子，每天到处撒。那时人们很贪婪，都想独自占有它。老树一生气，便停在那里，不再长金子。这以后，村里人又互帮互助了。"

原来老树有如此美好的传说，难怪老人们不让孩子爬这棵树，怕得报应。

爷爷一个接一个讲着老树的故事。

真美真多，比奶奶讲得还多，比天上的星星还多。天上的星星有多少呢？

"一颗，两颗，三颗……"我带着自己透明的幻想在爷爷怀里滑入梦乡。

天一亮，前一夜的梦便抛置脑后，跟着姐姐去小河边放羊。

那淡淡的花，如茵的草，静静地躺在蓝蓝的天底下。

不时掠过几抹白云，与田野里乱跑的羊群相随，倒映在清澈的小河中，仿佛一首优美的风景诗。

可惜无知的我还不会尽情享受大自然的神韵，只会趁姐姐不留神，用几根草撩逗两只羊头对头、角顶角干架，我则在一旁弯下腰，撅起屁股看热闹。

待姐姐发现，将要"教育"我时，我早已跑到小河里，翻滚着浪花和小鱼们戏水了。不到天黑，或是姐姐把拿着笤帚的妈妈请来，我是决不上岸的。

纯朴的故乡养育了我的童年，然而因故我却不得不离开这儿，搬到另一个遥远的地方。

那是一个黄昏，感到脑子里空荡荡的，不时浮出几许凉意。

我将要离开故乡，还有那老树和小河？

斜阳给老树罩上了红晕，披上了金装。

然而小河在呜咽，老树的影子长长地伸向我，像是要挽留住，我却在车上被迫走啊走。

终于，老树的影子及小河的呜咽都没有了——没有了。

心中似乎受到莫大委屈，却又不能言状，惟有浸着泪水，瞪直眼睛，朝那故乡的方向望了又望。

别离后再未回过故乡，然而梦中无论如何也走不出故乡——老树、小河紧紧拽着我……

我的故乡、老树、小河，我一定会回去看你们，请一定等着我。哦，那梦境中的故乡、老树、小河，还有我哟……

■ 赏 析

童年是令人留恋的，童年生活是浪漫的，童年感情是纯真的，童年记忆是永恒的！童年因其美好而使人难以忘怀，童年因其灿烂而令人遗憾——当我们感到童年可贵时，它已离我们而去，成为遥远。而越遥远，越诱人回忆、怀念。犹如陈酒，时间越长，其味越浓、越醇、越绵——这就是童年！那会走路，能撒金，流传着许多美丽传说的老树，那头顶头、角顶角干架的羊，那翻滚着波浪的小河，哪一样不是情之所系、心之所想！试想那长满胡子的爷爷，那牧羊的姐姐，那拿笤帚的妈妈，哪一位不与河水、老树、斗羊相关联？而这小河、老树、羊群，爷爷、妈妈、姐姐，哪个不是衷情所思、所念、所想？关键在于一个"情"字——思乡怀人之情、追忆童年之情。这种感情通过委婉徐舒的笔调，细腻形象地描写，表达得蕴藉丰满而又具很强的穿透力和感染力。这令人沉醉的意境把人们引向纯朴、自然、恬淡、优美的故乡，使读者沉浸在无垠的遐思之中，同故乡的一切融为一体……

■ 露 水 河

>> 章 萍

这里有野花，到处都是。穿梭在窄窄的泥路上，身体的两边拥满了花和草，让你目不暇接。红的黄的白的粉的蓝的，偎在树根旁，藏在草丛里，盘在篱笆上。这儿一簇，那儿一堆，在阳光下唱歌，在微风中跳舞，那么热闹，那么开心，让人看了，心里面喜滋滋的。比起暖房里精心培育的花朵，野花是幸福得多了，因为它们能享受露珠的滋润，能闻到青草的气息，能和调皮的蚱蜢一起玩耍。

在长白山脚下，有一个不起眼的小镇，她的名字叫"露水河"。当年，我的爸爸妈妈随着知青插队的大潮在这里落户，度过了生命中最灿烂的年华。今天，我揣着一丝兴奋走近她，用惊喜的目光打量她，再把满腔的爱交给她。真的，在我这个上海孩子眼里，这是一片完完全全的乐土。

这里有野花，到处都是。穿梭在窄窄的泥路上，身体的两边拥满了花和草，让你目不暇接。除了雏菊，别的我一样也叫不上名来。我从来不知道野花也有这么多品种，这么多颜色。红的黄的白的粉的蓝的，偎在树根旁，藏在草丛里，盘在篱笆上。这儿一簇，那儿一堆，在阳光下唱歌，在微风中跳舞，那么热闹，那么开心，让人看了，心里面喜滋滋的。比起暖房里精心培育的花朵，野花是幸福得多了，因为它们能享受露珠的滋润，能闻到青草的气息，能和调皮的蚱蜢一起玩耍。这群野生的小家伙，透着灵气，透着自然，自然本身就是一种美呀！

站在小路上看野花，心里有装不下的喜悦，好像自己也变成一朵快乐的小花呢。

如果说野花让人快乐，那么繁星更会让人深沉。

露水河海拔高，离天近，因此许多弱星也能看得清清楚楚。记得那天晚上，我偶然抬头望天，竟被那灿烂的景象惊得说不出话来。做梦也没想到能亲眼看见这书上才有的画面：繁星满天，把整个天空装点得如此绚烂，像颗颗闪烁着光芒的钻石。月亮也不知躲到哪里去了，也许自叹不如星星们这样多彩，悄悄地藏到云里去了吧！我望着灿烂的星空，思忖着用怎样一个词才能把它形容得最确切。

野花……繁星……对了，还有小溪！小溪就在镇子旁边，整日不知道累地哗哗唱着。溪水很清，很浅，溪里的石头被流水冲刷得又圆又滑，想趟水，可真不好走呢。翻开靠岸的石头，有小虾、小虫，还有摇尾巴的小蝌蚪，它们在一起做游戏吗？溪上还有吊桥，我头一回走吊桥，真喜欢那种摇摇晃晃的自在，真喜欢在桥上看剃平头的小男孩放鸭子，看卷着袖子的小姑娘洗衣裳。

就是这么一个仅有两条马路的小镇，给我留下了多少美好的记忆。这里没有大都市的喧嚣，没有讨厌的塞车，没有惊心动魄的股市。虽然它没有发达的经济，但它拥有自己的一份自然与清新。

我爱露水河，我深爱这片爸爸妈妈曾生活过的土地！

■ 赏析

让五官开放，尽心尽意地去感受和摄取自然之美景吧！

看呵，那繁星，由于"露水河海拔高，离天近，因此许多弱星也能看得清清楚楚","繁星满天，把整个天空装点得如此绚烂，像颗颗闪烁着光芒的钻石"。

还有，那野花，那窄窄的泥路，那哗哗唱着的小溪……

在这片昔日生活过的土地上，"我"享受着大自然给予的恩惠，远离都市的驳杂和喧嚣，这一方净土啊，不掺杂任何污浊的声音。

愿露水河永远保持它的自然与清新。

■ 情系故乡

>> 姚晓征

秋天的群山假如是一团火，那么冬天的群山就是一组冰清玉洁的冰雕。满天飘飞的大雪，像一床棉被把山峦笼罩。当那淡淡的阳光照到山上，白雪中竟会透出蓝光，为那洁白的群山增添几分姿色，山上的一切都消失在茫茫的白雪中……

我在姥姥家长到十岁，对故乡的山山水水，一草一木都记忆犹新。

我们村子的西边和北边，是连绵起伏的群山，其中最著名的是西边的笔架山、牛头山和北边的骆驼山了。

每到夏季的傍晚，夕阳西下的时候，群山笼罩在红霞中，霞光为西山勾勒出了清晰的笔架、牛头的轮廓。笔架山像旧时文人书桌上的笔架，阳光从架缝中射出，像一枝枝色彩绚丽的巨大的神笔；而牛头山呢，则像一头老黄牛的大头，两只牛角短短的，从两边冒出，形象生动逼真，令人惊叹不已。那北边的山峦，被一片绿色裹住，远远望去，像头身披彩锦的骆驼在休息。

那中外闻名的骊山、翠华山和故乡的群山比起来，都有点逊色了。

笔架山上有一条小溪，说"小"，其实并不小，它的宽度足有一丈，家乡人叫它为桃花渠。它是闻名中外的水利学家李仪祉先生修造的泾惠渠的一条支流。每年三月，桃花盛开的时候，满山遍野一片红。这小溪的一条条支流从桃林中穿过，伴着潺潺的声音，迈着轻盈的步伐，在山脚下汇合。落下的桃花，漂在水面上，水渠就像一条粉红的彩带向远方伸展。走到近旁，那醉人的花香，使人心旷神怡。"桃花渠"由此得名。

但是，最迷人的要数故乡群山的秋色。

秋天，是收获的季节，这里自然也不例外。远望群山，红妆艳裹，分外妖娆。

登上山顶，一片丰收的景象更是令人心醉：那红彤彤的柿子，像一盏盏灯笼挂在树枝上，那满树胜于二月花的红叶，早已把山地覆盖。还有一种长在牛头山上的"牛心柿"，有的黄澄澄，有的红彤彤，柿子底部正中有一个尖尖的角，据说牛心正是这样端正，因此得名牛心柿。这种柿子是故乡的特产，还出口呢！除了柿子，山坡上还有透黄透黄的水梨，看一眼，叫人眼馋。更不用说那像核桃大的红枣，那小巧玲珑的樱桃。人们忙着一担担地往山下挑，在山下堆起了一座座红彤彤的果山。

秋天的群山假如是一团火，那么冬天的群山就是一组冰清玉洁的冰雕。满天飘飞的大雪，像一床棉被把山峦笼罩。当那淡淡的阳光照到山上，白雪中竟会透出蓝光，为那洁白的群山增添几分姿色，山上的一切都消失在茫茫的白雪中，唯有那笔架、牛头依然如故。那头骆驼也傲然挺立于故乡的雪原上。

"美不美，家乡水，亲不亲，故乡人。"故乡吸引着我，故乡的亲人召唤着我，总有一天我要回去的。

■ 赏 析

"美不美，家乡水，亲不亲，故乡人。"这是文章的点睛之笔，提携全文。文章以回忆故乡山水总起，先写各具特点的三座山，后写水——介绍桃花渠得名的由来，情景交融，然后用浓笔重彩描绘故乡群山最迷人的秋色，展现出一幅绚丽多姿、硕果累累而又分外妖娆的秋光图，真叫人如痴如醉，沉醉在温馨如春的故乡的怀抱，托出一颗至纯至真的赤子的爱心。写故乡"冬天的群山"一节文字，既是回应前文拓深内容，又似信手拈来，不露琢痕，顺理成章，句句是描写又是抒情，余味深长。文章首尾照应自然，结构紧凑，记叙线索明晰，描写栩栩如生，语言活泼流畅，读来给人以美的享受。

■ 纸 灯 笼

>> 郭建光

那山月还挂在我儿时的夜空吗？它当年散发的光芒，依旧照着我脚下之路，照亮我的人生之旅！

春节期间，漫步在披着节日盛装的小城，各式各样的大红灯笼透射出喜庆和祥和。比起这些华美的灯笼，儿时的灯笼不值一提，秫篾编的骨架，纸糊的外壳，木板上钻两个孔，穿上两根细铁丝，找截竹竿挑着，儿时的伙伴就提着这样的灯笼到处游逛，嘴里唱歌似的重复着："正月十五正月正，正月十五挂花灯……"

到了正月十五那天夜晚，家家户户门上、树上挂满了红灯笼，整个村子沐浴在一片温馨的氛围里。小伙伴们一个个都偷偷溜出来，相互交换着零食，蹦着跳着、追逐着、嬉戏着，这时有几个顽皮的孩子故意把手中的灯笼伸向伙伴的灯笼，一首"对灯笼，碰灯笼，灯笼灭了回家睡"，把儿时的快乐推向了峰巅。不知谁的灯笼掉在雪地上，歪斜的蜡烛很快把纸灯笼燃着，小伙伴们一哄而散，留下了那个等着挨巴掌的孩子。这时，村子里稀稀拉拉点起了鞭炮，夹杂着父母喊孩子回家的一声声呼唤……

"咚"的一声响，一只礼花开放着，接着两只、三只，万千朵礼花一起开放在驿城的天空，把年轻的驿城装扮得"火树银花不夜天"，只有家家户户门上、窗上贴的年画、春联、窗花，还在秉承着中华古老文明的传统。

现在的孩子早已不再唱那些老掉牙的儿歌了，也不再打那种纸糊的灯笼了，他们呼吸着新世纪的空气，放飞新的畅想！

■ 赏 析

大红灯笼高高挂，迎春喜气漾小城。

漫步于盛装的街道，作者倏然忆起了那盏纸灯笼，忆起了那首"老掉牙的儿歌"，一种童年的情趣浮现眼前，浓浓的乡情蕴含其中，涩涩的，甜甜的，那么浓酽、清纯……

纸灯笼中包藏了多少天真烂漫的童心，包藏了多少往昔的欢乐和苦难，作者"呼吸着新世纪的空气"，追忆着昔日的纸灯笼，把往事精心收藏，并"放飞新的畅想"！

■ 家乡的小河

>> 张玉华

记忆中的家乡小河，河水清澈，鱼儿肥美，水潺潺地流，声音像低吟的歌，草轻轻地摆，像少女轻盈的舞姿。

记忆中的家乡小河，河水清澈，鱼儿肥美，水潺潺地流，声音像低吟的歌，草轻轻地摆，像少女轻盈的舞姿。

儿时上学、放学，总不肯从桥上过，定要脱了衣服，汩水到对岸。听到预备铃声响了，还要回头扎一猛子。放学回来，谁能先跳到水里，谁就能弄个"司令"干干。打水仗做指挥官，可以行使惩罚权。时间充裕的时候，还会一个个把全身涂满泥巴，顺着早已打磨得极其光滑的河岸，一个接一个下饺子似的往水里钻。不是母亲三番五次威胁着喊，绝不肯上岸。

冬日的小河更是风光无限，玩冰的日子开始了，初结的薄冰，晶莹得透亮，上学去总要带上一块像冰糖一样放在嘴里嚼得喀嚓喀嚓响。结厚冰就更好玩了，在冰上滑板，能滑出众多的花样，也能摔出万千个风景，大人笑着说，我们是"皮猴子"。

记忆中的家乡小河，给了我童年很多恩泽，那时候家里穷，别说一年也难见几回荤腥，就是有病了，最大的奢望，也仅仅是想让妈妈给做碗净面条（小麦面条）。所以，我很小的时候就会逮鱼。最好逮、最傻的鱼，要算鲫鱼了。几个小朋友一块儿在浅水处拦一道用泥巴做的坝，再把水搅浑，然后匍匐着，用两只手，在有泥、有草的地方，慢慢地捂，总有收获。好的时候，能弄斤儿八两的；不好的时候，也能弄个三五条。然后，在一个背人的去处，生一堆火，用树枝插上鱼，烤到发黄、发焦，烤得流出油来，烤得鱼香四溢……

逮鱼还有一个简单的方法，那就是药鱼，头天夜里，大人们把药倒进河里，第二天黎明起来看哟，河心里，大鱼像喝醉了酒，起起伏伏，来回转悠；岸边水里的鱼儿像无头苍蝇，向岸边冲，一下触到岸了，又猛地向水中冲去，白花花的各种小鱼，头触进泥里，尾巴在水上不停地拍打着。每当那时，我会早早起来，随着奔跑的大人、小孩赤着双脚，踏着薄冰把别人逮剩的小鱼，一个个拣起，拾上一篮提回家。然后，哈着冻得生痛的小手，把鱼儿一条条洗净用枝条儿一个个串起来，挂在屋檐下，随吃随拿，那种幸福而甜美的日子，能持续很久。

当然，药鱼并不是常有的，一般是开春一次，人们需要补养一下身子，忙一春一夏一秋的活儿。另一次是过年的时候，药鱼是为了家家过年的饭桌上多一道待客的荤菜……

如今，我渐渐长大了，而小河却渐渐变黑了，再回故乡时，在河床里缓缓地流动的已是墨色的河水。

河边早已没了草，水里也早已没了鱼。昔日清澈的小河是再也见不到了，它只能流淌在我的心里了……

■ 赏 析

那条"家乡的小河"依旧流淌在"我"心里，"河水清且涟漪"，有小鱼嬉戏水中，嬉戏于"我"童年的记忆深处。忆起那段

"逮鱼"、"药鱼"的日子，儿时的顽皮便倏然呈现于眼前，在那段"苦难"的日子里，"小河"带给"我"多少的童趣和梦幻、带给"我"多少的欢愉和酸涩……

可现在，"在河床里缓缓地流动的已是墨色的河水"了，昔日甜美的梦园在哪里？"我"在深深地呼唤，眼前一片怅然……

童年追怀

>> 乔 杨

夏季迷人的是悠悠的夜。将竹椅搬到大树下，轻轻地啃着冰镇的西瓜，时时偷看着手绢里包的萤火虫，静静地听着池塘里传来的蛙鸣，默默地望着长又长的银河在没有际涯的宇宙中，架着没有尽头的桥梁。心里顽皮地为星星们编着故事，甜甜地笑着睡去。

众多山峰以它或是粗犷或是峻秀的格调洗涤了我的童心，悠悠河流以它或是奔放或是细腻的情怀陶冶了我的性格，于是，在我的眼中，世界变得清晰起来：伟岸、神秘、瑰丽而博大。我只敢谨慎地赞叹，怀着一份沉沉的崇拜。然而，让我甩开内心束缚去尽情地触摸大自然的，却是一个南方的小村子，一片不算美丽而只有纯朴的土壤。夏天和秋天，短短两个季节，一个6岁孩子，却拥有了一段多么一尘不染的记忆啊！

初被带到村子正值盛夏。只看见蓝蓝的天，绿绿的田，一切都静静地凝固着。绕着村子的是一条半澄清的小河，村头村尾两座小桥悄然安卧。一色的灰瓦屋舍，一色的红砖院墙，门前是浓浓一片柳荫，屋后是浅浅的一方池塘。除此，便再无丝毫的刻意人工点缀，那确是一种醉死人的意境呢！

清晨，匆匆光顾西瓜地，拍拍这个，摸摸那个，拣出熟了的，乐呵呵地抱回家，愣愣地瞧着西瓜冰镇在井里浮着，却已染上一身凉味。

打开低矮的栅栏，你便是这群蹒跚着蜂拥而出的鸭子的主人了。

然后，鸭儿在水里欢快地嬉闹，人坐在粘粘湿湿的河边上，悄悄地替公鸭母鸭配成对儿。看腻了，便也想当回鸭子，于是用双手撩着衣裳，裸足涉在浅水中，一趟又一趟，任温温的流水酥酥地舔着脚丫，那是怎样的一片柔长的情怀！

午饭后，坐在树阴里，听着洗衣服的木槌发出的有节奏的"嘭嘭"声，望着不知名的花树，常想，是谁将一桶花瓣洒上树去的呢？想着，手却不停地拉拽着身边的哨叶草。哨叶草叶子宽厚，中间有许多细孔，围成圈便成哨子，吹气的时候，舌头根据不同韵律时快时慢地转动，断断续续的气流冲进细孔，便响起时而高亢时而哀怨的哨声，优哉游哉。

不知不觉竟飘来黄昏，于是研究着被淡烟笼罩着的村庄，心不在焉地坐在石阶上洗冬瓜。偶然遇上双虹，只见两支七彩的巨柱并立在水面上，背后尚有黄昏的阵雨，前面正当夕阳含情。看傻了，就这么呆站着，直至夜的帘幕垂落河面，直到远山化作朦胧的蓝图。

夏季迷人的是悠悠的夜。将竹椅搬到大树下，轻轻地啃着冰镇的西瓜，时时偷看着手绢里包的萤火虫，静静地听着池塘里传来的蛙鸣，默默地望着长又长的银河在没有际涯的宇宙中，架着没有尽头的桥梁。心里顽皮地为星星们编着故事，甜甜地笑着睡去。

渐渐地，大雁叫了，蝉声停了，多嘴的麻雀不再在房顶上吱吱叫了，矮矮的垂柳用苍绿的叶子抚摸着成熟的庄稼，荷花和稻花一齐飘着纯醇的香味。秋天像一把柔韧的梳子，梳理着静静的村子。

清早便飞奔上细细长长的泥巴路，俯身在田埂边大把大把地采着金樱子花、枕头草花、紫绒球花。然后全给插在水杯里，便不再管了。

秋天的正午是宜人的。从干草房抱一捆麦秸，解开，摊平，然后枕着两条胳膊，伸直两腿躺下来，窥视着朵朵白云飘来又飘去，尽情享受着草堆上的欢娱，当艳艳的阳光流满全身，永恒的天地已深深渗透灵魂。

冥冥黄昏，定心息气，定会发现在隐没的柳梢旁，秋虫啾啾鸣叫，此时，心灵一下子便贴近了这熙熙攘攘的小天地，此种纯洁的欢愉岂能凭借素淡的几笔便可言传？

那年秋末，妈妈来接我去领略北国的雪。一见妈妈，我便笑倒在她怀里，炫耀着乡村给我的一切："我会爬树了!""我会游水呢!""我爱放鸭!""我已能捉萤火虫了!"……慢慢地，就想到了别离，慢慢地，就禁不住泪水在脸上撒起野来了。不想6岁，竟然已懂留恋。

待我发现自己已跌在光阴的隧道里，不自觉地整理着那抹纯朴和静谧时，竟已不可自拔，又油然怜起今天那些仅仅拥有高级玩具的被双亲娇宠着的娃娃，他们失落的是一份多么美好的记忆，怎么竟失落了呢!

就此掷笔叹息。

■ 赏 析

大自然洗涤了一颗童心，投入它澄明的怀抱，一切都充满了伟岸、瑰丽和神秘。

那是一段一尘不染的记忆，那是纯朴和静谧的美丽，在那里，"我"和自然融为一体，和自然接通心气。

今天，跌在光阴的隧道里，心中油然而生一种怜意，那多么美好的记忆，成了"我"梦之所依。

掩卷沉思，脑海中只留下那一组令人拍案叫绝的动词："醉、染、舔、洒、飘、抚摸、梳理……"

■ 乡 情

>> 郭海燕

我走在山路上，只觉得脚下那片土地越来越坚实，似那青山敞开了朴实而宽广的胸怀，拥抱着从远方归来的游子。让这座青山作证，在不久的将来，我会将理想的缆绳系在山里人心里，把希望的旗帜高高竖在山村上空。

蓝天，青山。山中蜿蜒着一条路，一直插入莽莽苍苍的青山深处。

啊，妈妈，我回来了！

半年了，您的两鬓又添了多少白发？岁月的犁铧又在您额上耕出多少皱纹？可女儿这次回家也许会使您额上的皱纹更深、更密。我将告诉您，我不能按您的愿望，离开这偏僻、贫瘠的山村，到大城市去，做城里人。

妈妈的命好苦，13 岁便没了爹娘，16 岁便来到这座深山里。在我的记忆中，从来没有过爸爸的影子，是性格倔强的妈妈一手将我拉扯大。记得我接到省重点中学的录取通知书时，连自己名字都不会写的妈妈、抚摸着那张薄纸，流出了眼泪。她把半辈子的希望全部寄托在我身上。

在一个清晨，妈妈送我走上那条通向山外的路，临分手时，妈妈把那个洗得发白的书包郑重地挂在我肩上，对我说："燕儿，你飞吧，别牵挂妈!"我明白，妈妈不想让我走她的路，走那条山里妇女走了千百年的路，她要为女儿撑出一片高飞的蓝天。

从此，两代人的足音便叩破了山的寂静，拨响了山中的沉睡的亘古琴弦。

在学校里，每当与同学畅谈理想时，我便浮想联翩：考上大学，留城工作，现代化的设备装置，灯火通明的不夜城……这一切都是我向往的，也是妈妈对我的美好祝愿。然而，当我读到一首诗时，这一切在我眼中失去了光彩：

在崎岖的山路上/挑夫挑斜了双肩/挑圆了日月/挑弯了一条路/却挑不走山里的叹息/挑不进山外的风

我一句句咀嚼这首诗，眼前似乎出现故乡那条悠长而寂寞的山路，顿时，两颗滚烫的泪珠慢慢滑落下来，重重地砸在那首诗上。我发誓要让山外的风吹进山里，吹出一个生命的春天。

终于，我下了决心：将自己今后的人生之路艰难地绕一个弯，拐上另一个方向。在高考志愿表上，我将郑重地提起手中的笔，在不起眼的"师范学院"一栏里，写上一个山里孩子的名字。尽管凭成绩我可以填报名牌大学，尽管我知道外面的世界很精彩，我仍将坚持走自己的路，奔向我的太阳!毕业后回到山村，办一所学校，把自己全部知识奉献给那片土地上的人们，让更多的孩子走进学校，走向外面的世界，让科学文化的春风吹遍故乡的山山水水……

当满山遍野的山花更加烂漫时，妈妈，你能理解我么?会对我感到失望么?

山道弯弯。

我走在山路上，只觉得脚下那片土地越来越坚实，似那青山敞开了朴实而宽广的胸怀，拥抱着从远方归来的游子。我决不会为我的选择感到后悔，妈妈，就让这青山作证吧!

我回来了，我要告诉妈妈，告诉这座青山，在不久的将来，我会将理想的缆绳系在山里人心里，把希望的旗帜高高竖在山村上空。

暮霭中，路的尽头正是炊烟袅袅，似那割不断的乡情悠悠……

■ 赏 析

一颗游子之心，饱蘸一腔激情，抒发了对母亲、对乡亲、对故乡山山水水强烈深沉的爱。

由返乡后踏上故乡土地的感受写起，引入生动的联想和回忆。矛盾而执著的心情，对故乡深沉且炽烈的爱，似向大山倾诉，又似向妈妈倾诉，娓娓道来，处处洋溢着浓厚的深情。

本文通过作者想远走高飞，寻找外面的精彩世界，到立志回乡，为改变故乡落后面貌而贡献力量的心理历程的描写，揭示了那割舍不断的乡情，那沁人肺腑的浓郁的乡音……

■ 翠 竹 情

>> 陈大庆

　　月色融融，竹影婆娑，凉风徐来，沁人心脾。爷爷烟袋头上时时隐现的一星光亮，更是给幽深的竹林增添了神秘的色彩。这静谧的夏夜竹林和爷爷那动人心弦的故事，在我细小的心灵上留下了永远难忘的记忆。

　　我爱家乡的翠竹。我的家乡扬中是一个天然的大竹园。

　　每当春风吹绿大江两岸，桃李争芳斗艳的时候，家乡竹园里的泥土就东一块西一块地向上拱起，这是春笋听到了春风的召唤，开始萌动了。这些春笋以顽强的生命力冲破重重阻力，从泥土中钻出来，一经春雨滋润，一夜之间就能窜高许多。雨后的清晨，家乡的竹园分外秀美。朝阳初升，一抹金色的阳光首先照亮竹梢，高高矮矮的春笋挺着笔直的腰杆，笋尖的嫩叶上滚动着晶莹的露珠。雾气在竹林里慢慢浮动，像轻轻飘动的羽纱。春鸟在竹梢上歌唱，鸡鸭在竹林中觅食，大红公鸡迎着灿烂的红日引吭高歌……这竹林晨景，使我沉醉，使我留恋！

　　家乡翠竹的用途可大了！除了能编制大小不一，花式多样的篮、笼、箩、匾、筛、席等竹器，还能做成各式各样的工艺品远销国外。暮春时节，竹笋上市，此时您若来我的家乡，好客的主人一定会用嫩笋为您做出许多鲜美的佳肴：笋炒韭菜、笋烧刀鱼、笋烧肉片……最可口的，要数笋蒸鸡蛋了。把笋的嫩尖切碎，加上一把虾米和搅匀的蛋清蛋黄一起清蒸，没有品尝过的人，是很难想象出其中的美味的。

儿时，每当夏日的晚上，我总喜欢约几个小伙伴搬上竹椅，坐到竹林中，听爷爷讲当年新四军以竹林为掩护打鬼子的故事。这时，月色融融，竹影婆娑，凉风徐来，沁人心脾。爷爷烟袋头上时时隐现的一星光亮，更是给幽深的竹林增添了神秘的色彩。这静谧的夏夜竹林和爷爷那动人心弦的故事，在我细小的心灵上留下了永远难忘的记忆。我感到，我对革命先辈的敬仰之意，对家乡，对祖国的热爱之情，就是在家乡的竹林里产生的。

有人说竹子是"钢骨虚心"，我想，用这四个字来赞誉家乡的翠竹，歌颂家乡的人民，是再恰当不过了。不是吗？在战火纷飞的年月，扬中人民利用竹林与敌人周旋，谱写了多少可歌可泣的诗篇；在"四害"横行的日子里，扬中人民横眉冷对，抵制了没收竹园、毁林种粮的歪风，扬中人民可谓"钢骨"矣！现在，家乡的人民正在对江洲的竹器加以改进和创新，使它进一步打进国际市场。家乡的人民，更是虚心进取的人民！

今天，家乡的翠竹经过几度春风的吹拂，几阵春雨的浇洒，更加生气勃勃。江洲上下，更加葱茏翠绿，长江之中的这块翡翠，更加玲珑剔透、熠熠闪光。面对家乡的翠竹，怎能不使人梦绕情牵！是你，装点了家乡的土地，才使江洲大地成为长江上的一块翡翠：正是这块翡翠装点了祖国母亲的玉带。她和祖国的山山水水，争妍斗艳，使我们伟大祖国分外妖娆。

■ 赏 析

这是一篇用夹叙夹议的手法写成的散文。作者思路活跃，行文严谨，放得开，收得拢，充分体现了"形散而神不散"的特点。文中以"翠竹"为线索，时而描写家乡的竹园，时而介绍翠竹的用途，时而歌颂竹子"钢骨虚心"的品格，时而赞美家乡人民的创造精神……运用多种表达方式，巧妙地将叙述、描写、议论、抒情融为一体。正是由于在写法上的叙议结合，使这篇散文除给人以美的享受之外，还领悟到一个雄浑的主旨：是那青青的翠竹装点了家乡的土地，才使江湖大地成为长江上的翡翠；正是这块翡翠装点了祖国母亲的玉带，使我们伟大的祖国分外妖娆。

■ 家乡的日出

>> 柳　斌

一道闪光撕破了灰暗，渐渐几缕金光挑起层层薄幕，不是面纱，这是朝晕，是太阳神的使者，它在天边散发自己特有的光辉，告诉人们太阳神即将来临。我欢呼，压抑已久的感叹，从胸腔迸发而出。这是一种明媚和新生的感觉。我在盼望，我在期待。

我的家在美丽的黄海之滨。然而却从未见过海，更谈不上看海上的日出。阵阵海风撩拨着我那渴望的思绪，飘向远方，飘向太阳升起的地方。

一夜的失眠是因为可以去那梦寐以求的地方。

早上动身，天才蒙蒙亮，但万物仍陷于沉睡之中。我不敢大声地说话，生怕惊醒海的甜梦。侧耳细听，清凉的海风将大海的鼾声带到耳旁，时而喧闹，时而静谧，忽远忽近，如同缥缈的歌声。海像笼罩着一层神秘的面纱。一切都那么恬静，又那么深不可测。朦胧的色彩和模糊的声音，我猜那是海的斑斓的梦幻和轻柔的呓语。

一道闪光撕破了灰暗，渐渐几缕金光挑起层层薄幕，不是面纱，这是朝晕，是太阳神的使者，它在天边散发自己特有的光辉，告诉人们太阳神即将来临。我欢呼，压抑已久的感叹，从胸腔迸发而出。这是一种明媚和新生的感觉。我在盼望，我在期待。

掀起大海的被子，从天边腾起一团红色，浸透天空，浸透大海，红色在漫延。终于，太阳神阿波罗，他驾驶着自己的金色马车将一轮火红的太阳推向天空。跃出一个火红的信念，去照耀，去呼唤沉睡的世界。刹那间，一切都披上了金黄色的轻纱，我便笼罩其中了，我见到众人灿烂的笑容。万物苏醒了，堤岸的白桦树在晨光中跳起舞，拍起自己宽大的手掌，如同绿色的旗帜在风中猎猎飘扬。小鸟也叽叽喳喳地用自己圆润的歌喉为她伴奏。大海用自己雄壮浑厚的歌声加入到这合唱之中，连太阳周围的云朵也翩翩起舞。我疑心"彩霞羽衣舞"，便是由这里开始的。万物都醒了。

一轮浑圆升入半空，并不耀眼。平静的海面上，一群飞鸟掠过，远处的鸟鸣，拉住了我的视线，此时我只想用一个词来概括这里的色彩和氛围，那就是"辉煌"。

红色渐退，旭日升腾，在美丽的黄海之滨。

■ 赏 析

《家乡的日出》的成功之处在于语言的新颖和感觉的独特。而两者又是相辅相成不可分割的。对事物有了一种新奇鲜活的感悟之后，伴之而来的是新颖生动的语言的表达。

"一切都那么恬静，又那么深不可测，朦胧的色彩和模糊的声音，我猜那是海的斑斓的梦幻和轻柔的呓语。……压抑已久的感叹从胸腔里迸发而出，这是一种明媚和新生的感觉。"这段语言里有艺术的悟性和艺术的感觉。这种感觉是属于作者自己的。全文用一种清丽的语言，用一种揭秘的情绪和好奇心态一点点感知着大海，认识着大海，通篇的感觉灵秀隽永，举重若轻。

故乡的雨瀑

>> 胡　国

山有灵性，瀑有智性，难怪游子们提起雨瀑就情不自禁地吟哦："长风破浪会有时，直挂云帆济沧海。"

远离故乡的游子总惦念故乡的山，尤其眷恋那山中的雨瀑。

雨瀑是山里人的习惯称呼，虽不俗不雅，却极简单地点出了瀑布的性格。据说，雨瀑是山里人的魂，对此我总是很疑惑。它位于故乡最高的"斗笠山"上，入流处新建了一座宽阔的水库。驻足坝顶将目光斜插入天宇，此时的雨瀑仿佛是从半空中扯下的巨幅白缎子，滑腻细润得真让人想去小心翼翼地触摸一下，不然内心痒痒的。每日，天赐的滚滚之水跌荡而至，带着欢声笑语盈盈地蹦进水库，爽快地洗却一路风尘。于是人们常到这儿静觉神思，虔诚地感悟她的百般爱抚和绵绵呓语，瞬间便潜滋暗长出难耐的催人奋进的斗志。

"水光潋滟晴方好"，不错的，当太阳将羞得通红的笑脸映在水库中时，雨瀑早已千里迢迢地垂下来，携带着朝阳的问候、万物的企盼赶到了，深切地祝语伴随着阵阵巨响在空幽幽的山谷中萦绕。一到雨天，人们就会品味到一种平素不有的情趣。只见瀑布急剧膨胀，迅速扯宽，边缘被倔强的细草划成几绺。猛然间，一向滑润的银练子出现了一缕浓浓的褶皱，巨浪立即被这些褶皱激荡开去，化作片片银叶，朵朵碎花，从天上飘飘洒洒地铺展着，几乎罩住了整个水库。这褶皱就是瀑岩面上一小纵脚窝的杰作。纯朴落后的前辈们为了切断洪水源头而开凿了这些深浅不一的脚窝，每一个脚窝就是一个信念，一种力量。它们为雨瀑点缀了多少灵动的色彩！任凭骇浪怎样咆哮着劈头盖脸地砸来，脚没有退缩一分一毫，披波斩浪不惧艰难地痴进、攀行。虽历经辛酸而未成功，可这种气概却令山里人无不佩服。恐怕这就是"魂"之所在吧。又有多少人慕名而至，只一眼便让他们叹为观止。任凭激溅的浪花迸在身上；任凭龙虎声威的巨响震颤着耳朵，人们仍紧盯着那强劲的脚印，仿佛自己正飘飘欲起，在那亮纱中"赤手搏龙蛇"呢。是浪尖上的骄子？或是小哪咤再生？心骛八极神游万仞的思绪都被那种激情牢牢拽住，此刻谁能不感到浑身热乎乎呢？

山有灵性，瀑有智性，难怪游子们提起雨瀑就情不自禁地吟哦："长风破浪会有时，直挂云帆济沧海。"

哦！故乡的雨瀑。

■ 赏析

那美丽、壮观的故乡雨瀑呵，它是"山里人的魂"！

看，那滑腻细润的身缎子，听，那欢声笑语盈盈的水声，再"虔诚地感悟她的百般爱抚和绵绵呓语"，以及那潜滋暗长出的难耐的"催人奋进的斗志"。

看来，"魂"之所在，便是这种不畏艰难的奋斗精神！

是啊，只要雨瀑在，故乡之魂便在，只要魂在，故乡便会有美好灿烂的明天！

家乡的木棉花

>> 庄钦益

冬天，木棉树开花了！火红的花，像一团团火，给人以温暖；像一把把火炬，给人们指引着前进的方向。本棉花不争春，不斗艳，也许它的美就在于迟迟地开放，就在于蕴育着生命的希望和独特的风姿。生命不就应该像木棉花那样，越是在艰苦的环境中，越要绽开最美丽、最绚烂的花儿吗？

"木棉花开，红烂漫……"这是故乡的一首歌谣。它描绘了木棉花开的情景：满树都是红艳艳的花而竟没有一片绿叶，木棉花就像正在燃烧着的火团；木棉花象征的是刚强、奋进、勇毅，而这恰又是勤劳的汕头人民的真实写照，所以木棉花备受青睐，被选为汕头市市花。

小时候，第一次见到木棉树，只见挺直的树干，粗糙的树皮，光秃秃的树枝上没有一片绿叶，找不到一点生命的气息。那时我很迷惑，它又有什么特别呢？

春天，当百花齐放的时候，木棉树才慢吞吞地吐出几丝嫩芽，似乎正从沉沉的睡梦中苏醒过来。到了夏天，木棉树的枝叶终于茂盛了，然而却没有青松的葱翠，也没有白杨的挺拔，更没有柏树的庄严。令人担心的是，秋天伊始，它又开始掉叶，似乎又要昏昏欲睡了……

不，君不见那掉光了落叶的树枝上挂满了茶杯儿大小的花蕾吗？这时候，青松虽青却已呈老态；白杨、柏树虽挺拔庄严，却也给人以沧桑之感。唯有它，木棉树，留给人们的是希望。

冬天，木棉树开花了！火红的花，像一团团火，给人以温暖；像一把把火炬，给人们指引着前进的方向。现在我明白了：木棉花不争春，不斗艳，也许它的美就在于迟迟地开放，就在于蕴育着生命的希望和独特的风姿。我已不再迷惑，生命不就应该像木棉花那样，越是在艰苦的环境中，越要绽开最美丽、最绚烂的花儿吗？

木棉树扎根在潮汕大地上，与我们同呼吸，共命运，不管风吹雨打，不管烈日暴晒，它从没有屈服过，总是迎着大自然的洗礼，继续生长，含苞，开花……

而今，我不恰似木棉花吗？只有经受考验才能成长。呵，木棉花！是你，给了我信心和力量，给了我一个汕头的人应该具有的品格。呵！家乡的木棉花……

■ 赏 析

这家乡的木棉花呵，就是"我"勤劳而殷实的乡亲！

"刚劲、奋进、勇毅"，那大片大片"燃烧的火团"，多像一颗颗怦怦跳动的心啊！

从春走到冬，从冬又迈进春，"不争春，不斗艳"，"迟迟地开放"，"蕴育着生命的希望和独特的风姿"，这是多么坚韧的品格，多么优秀的质地啊！

"木棉花开，红烂漫……"

■ 云归何处

>> 崔　湘

独自漫步于小秦淮河，这里，白石栏杆齐列，初蕾夹新絮，别有一种脱俗宁静的美，秦淮河水悠悠地淌，淌进了桨声里的灯影。流水涓涓，拱桥如眉，树影寂寂花悄悄。时近黄昏，天际如染。金色洒在河面，不远处是缤纷各异的色彩——那是灯会。人海如流，笙歌鼎沸。点点灯火，闪烁着，跳跃着，每一盏灯都是一个祝福，每一道光都是一份温馨。

维扬城内……有‘天下第五泉’，乾隆四十三年，泉内生一股轻烟，香泽幽远，雾口缭绕，片刻间化作祥云一朵，缓缓升空，放五色霞光，邑人皆见，时许飞去……

——录自《琼瑶集》

A

光阴荏苒，岁月匆匆，天上一夕会，人间百余年。游遍三山五岛，琼楼玉宇，无处是家，也曾在无垠的星空中自由地来去，也曾在浩瀚的天体中寻找自己的轨迹，搁不下，遣不去的，是那份幽幽的乡思，脉脉的乡情。

推云路，隐霞光，下碧空，越东海，认准那春风十里，烟花三月的鹤游之地，我归来了！

走一走故穴——五泉佳胜，泉水不复可见，当年那灵蕴与风情已寥寥难觅。我不禁一声轻吟，泪雨纷扬，唯听得墙外鉴真堂内钟磬梵鼓，一声声栖鸟停云……

B

青马传讯，扬州被列为神州首批历史文化名城之一，我不禁怦然心动。几年来，岩穴静修无绪，空际漂泊无依。乍闻佳音，顿续旧梦，顾不上多整一整云鬓，多舒一舒云袖，顺着熟悉的旧路，去寻找一个失落在明月乡里的梦。

归途匆匆，匆匆中又步履迟迟，不知今日扬州是一番什么景象？生恐心儿又一次受到刺伤。风一程，雨一程，终于又回到朝夕萦心的绿扬城郭，按下云头，只见全城一派生气，男女老少，开塘的开塘，种树的种树，挖渠的挖渠……观音山内，大小菩萨金刚"坐定"，正待塑金；小秦淮河畔，河道已疏竣拓宽，唯缺一眼活水；仿古的三元路建筑群正在打桩作基……巍峨的新装与低矮的旧貌参差不齐……一切的一切，都在我没有准备的意识中，热闹起来——这是春天来了。

于是，想作一个不惊醒梦的寻找，让自己在乡情的温柔中轻轻摇曳。

C

葛洲坝上推祥云，布瑞雨，倏忽数年，忽听说扬州发了水灾，一场大水淹没了房屋、农田、牲口……令我心急如焚。是不是我的希望就此沉入滔滔的水底了？

瑶光电射，转眼间已是广陵旧居，凌空下视——只觉得是个奇迹：小桥流水，雕梁画栋，曲水环绕，石舫幽雅，游人如云，绿树成荫，亭台楼榭，琼花满枝，殿宇梵唱，银杏累累……

再看那曾多次毁于兵火的观音山，摘星楼外游天池，紫竹园内存鱼洗，还有那迷楼的宫深幽折，千门万户，意夺神迷。每届六月，炳烛进香，虔诚许愿的人流更是恒久不息。

世外桃源，竹西佳处，与前者相比则是玲珑、悠静，"二十年前载酒瓶，春风倚醉竹西亭，而今再种扬州竹，依旧淮南一片青。"那竹西精舍，月明桥，凉亭都是不凡而又精秀的好去处。古运河畔，这片悠悠的风情在悠悠的岁月中滴下了宁静的和谐之美。

独自漫步于小秦淮河，这里，白石栏杆齐列，初蕾夹新絮，别有一种脱俗宁静的美，秦淮河水悠悠地淌，淌进了桨声里的灯影。流水涓涓，拱桥如眉，树影寂寂花悄悄。时近黄昏，天际如染。金色洒在河面，不远处是缤纷各异的色彩——那是灯会。

人海如流，笙歌鼎沸。点点灯火，闪烁着，跳跃着，每一盏灯都是一个祝福，每一道光都是一份温馨。我感慨万千，在这红的热烈，黄的朦胧，紫的忧郁，蓝的仿佛，绿的喜悦之中，融入了扬州几番兴衰，几步枯荣，几经磨难，几度繁华。

漂泊终于过去，绮梦近在眼前，刹那间，我放出蕴蓄百年的霞光，腾身而下，融入主灯的异彩之中，给古城留一段永恒的神话……

■ 赏 析

作者从古籍中勾沉出一段志怪之谈，附之以肉，吹之以气，于是便有一五泉仙子，飘然而至，倏然而逝。本文的五泉仙子显然不是漫心所拟，而是精心设计的。①其出没行止正是本文的结构所在；②有道是"天上一夕会，人间百余年"，既是仙人，当然就可以超越规限人事的特定时空，这样作者也就可以张合自然地写出家乡的"变"来；③五泉仙子是虚拟但不是妄说，一是有古书记载为证，一是文中仙子，轻盈悠幽，正与古城扬州的文化气韵相映合。所以说，五泉仙子不只是作为文章结构的骨骼，也是（或者说更是）作为文章内容的血肉。④作者很聪明。她既是遣仙子写扬州——这是本文谋篇布局的特点；又是用扬州（文化上的）来写仙子——这便构成了本文遣词造句上的一大特点。本文语言明丽而轻雅，亦有仙风道韵浸染其中，其写扬州耶？写仙子耶？骨肉相连，难以离析；骨肉相融，莫能辨究。⑤当然，本文缺陷也是明显的。由五泉仙子看扬州，只能远望，难以近切，要做到以面带点，具体而微就不容易了。

我爱我家

■ 又是柳絮飞满天

>> 张 红

我炊烟般袅袅升起的乡愁，最浓郁最无法割舍的一缕是属于母亲的。

风起了，暖暖的。春天的风总是这么柔。

雪白轻盈的柳絮在和风中尽情飞舞，显示着她的温柔，给多姿的季节又增添了一份风采。

坐在窗前，看着飞舞的柳絮，我的思绪也随之飘得很远，很远。

小时候，我过生日的那天，妈妈置备了一大桌菜为我庆祝。我边吃边问妈妈：

"妈妈，你的生日是哪一天呀！我怎么没见你过过生日呢？"

"你姥姥粗心，把我的生日给忘了。"妈妈笑答，"我只知道是在柳絮飞满天的时候。"

"哦，是这样。不过这样也好啊，因为柳絮要飘好几天呢，你就可以过好几天生日了。等妈妈的生日到了，我就用带柳絮的柳枝给你编一个大花环，戴上它，柳絮就可以在你身上起飞了，我还可以给我的朋友说，我有一个柳絮妈妈。"

妈妈眼中的笑意更浓了。

后来我慢慢长大了，对妈妈的话产生了怀疑：姥姥也是妈妈，怎么会忘了女儿的生日呢？

于是我又追问妈妈。可她总是说一句"大人不用过生日"搪塞过去。终于有一天我和哥哥合谋"偷"出了妈妈的身份证。哦，妈妈的生日按农历算，正是一个美丽的柳絮满天的日子——三月初一。

那一刻，我心中就打算好了：等我长大了。一定用自己挣的钱买个大大的、漂亮的生日蛋糕给妈妈补生日。到那日，妈妈在生日蜡烛的映照下，一定会露出满足的笑脸，那是多么惬意的事啊！

但是，一年又一年过去了，我已经和妈妈平肩了，却还没有实现自己的愿望。更令我感到愧疚的是妈妈的每一次生日我们都不能陪在她身边，伴着妈妈的，只有飘舞的柳絮和对儿女的深深牵挂。

……

看着弥漫整个校园的柳絮，我的心湿润了。一朵柳絮似乎听懂了我的心声，轻轻地飞进了窗口。我小心地接住它，轻轻对它说："柳絮儿，你飞吧，飞到妈妈身边去，带着我的祝福，捎去我的思念。告诉妈妈，说女儿虽然还没有自己挣得钱实现心愿，可每一次妈妈的生日，我都是这么深深地为我亲爱的妈妈祝福的，妈妈，女儿的心愿终有一天会实现……"

我把柳絮儿轻轻地送到窗口，又一阵和风吹来，它飞走了，带着我心语。闭上眼睛，我感到朦胧之中它飞回了家乡，飞到了那熟悉的小院，落在了妈妈的肩上，妈妈笑了，眼中闪动着亮晶晶的慈爱，那么欣慰，那么美丽，那么温暖……

■ 赏析

妈妈，风起了，柳絮飘起来了，可有一朵洁白的絮儿轻盈的落在你的肩上吗？那是女儿捎去的思念与祝福啊！

妈妈，你还记得吗？小时候我说要"用带柳絮的柳枝编一个大花环"给你。然而，还没有实现愿望，我已经在你的呵护下悄悄的长大了。

　　妈妈，我想你的时候，你一定在更深情的想着我，对吗？我们的牵挂，柳絮一样飞满了天……

　　妈妈，请你相信，总有一天，女儿会像柳絮般在春天回到你的身边……

■ 母亲节，是儿子的生日

>> 丁有刚

我本想送给母亲一个清凉的夏天，却由于自己的无知，把母亲心中的美好掠夺得一干二净。

中国本来没有母亲节，这大概是因为中国的母亲是不求回报的，在本该得到回报的日子里，她们却只是想着关爱儿女。我的母亲就是这么样的一个典型。

在儿时的记忆里，我们兄弟几个过生日，母亲是最忙活也是最快乐的。她总是早早起床，拣好鸡蛋、淘净小米……当小米粥飘香的时候，便开始在小锅里烙油饼了。

吃饭的时候，母亲不让我们来回端饭，她说米粥太热，怕烫了我们。我们只好坐在堂屋里，看着母亲一趟又一趟地往返于厨房与堂屋。待一切就绪，便开始分鸡蛋，过生日的吃两个，不过生日的吃一个。当她微笑着看着过生日的孩子吃完最后一口时，才肯自己去吃。

然而随着时光的流逝，我们渐渐长大，而且大都寄宿在学校，这些美好的往事大都成为记忆了。母亲也被剥夺了这样给我们过生日的权利，她时常念叨："生日那天，没有我熬的小米粥，孩子们咋办？"她生怕我们过生日喝了糊糊，她说那样会使我们变糊涂的。那时我们中学里早上常常喝玉米糊糊，母亲也常常担心。

上初三时，由于星期天要进行考试，星期六没有回家。而那个星期天正是我的生日，下了早自习的时候，我听到一个熟悉的声音在喊我的名字。母亲，原来是母亲！

她气喘吁吁地跑来，额头闪着汗珠。来到宿舍，母亲便从那个旧帆布包里往外掏东西：用塑料袋装好的油饼，鸡蛋，还有一玻璃瓶小米粥。顿时，我的眼睛湿润了……朦胧中我看见母亲在微笑，好像在说："吃吧，还热着呢！"

今天，翻翻日历，5月11日，是母亲节，农历四月初五，是我的生日。也许老人家不知道还有母亲节，但她却能清楚地记住这一天，因为今天是儿子的生日。默默算来，母亲节已有好几次与我的生日赶在一起，而母亲却是在忙活、牵挂、念叨中度过的。无需给母亲送去康乃馨，只要偎在她身边，喝上一碗小米粥，她就心满意足了。

放心吧，母亲，今早我吃了鸡蛋和油饼，却没喝玉米糊糊……

■ 赏 析

读着读着，那个纯朴厚道的农家母亲的身影在我的眸子里愈放愈大，多么伟大而平凡的母亲，多么博大而殷实的母爱呵！

"油饼"、"鸡蛋"、"小米粥"，这普普通通的东西，却透射着母亲对儿子深深的爱，还有"母亲的微笑"，母亲的话语……这点点滴滴的美好的回忆，寄托着母子之间扯不完的情，道不完的爱。

记住"母亲节"，记住世间最深厚的母爱！

■ 母爱无言

>> 何　慧

母亲是一个文化栅栏里美丽的囚徒，她挡住的是风雨，浇灌的是忧郁的情爱。

听说过两个有关母亲的故事。

一个发生在一位游子与母亲之间。游子探亲期满离开故乡，母亲送他去车站。在车站，儿子旅行包的拎带突然被挤断。眼看就要到发车时间，母亲急忙从身上解下裤腰带，把儿子的旅行包扎好。解裤腰带时，由于心急又用力，她把脸都涨红了。儿子问母亲怎么回家呢？母亲说，不要紧，慢慢走。

多少年来，儿子一直把母亲这根裤腰带珍藏在身边。多少年来，儿子一直在想，他母亲没有裤腰带是怎样走回几里地外的家的。

另一个故事则发生在一个犯人同母亲之间。探监的日子，一位来自贫困山区的老母亲，经过乘坐驴车、汽车和火车的辗转，探望服刑的儿子。在探监人五光十色的物品中，老母亲给儿子掏出用白布包着的葵花子。葵花子已经炒熟，老母亲全嗑好了。没有皮，白花花的像密密麻麻的雀舌头。

服刑的儿子接过这堆葵花子肉，手开始抖。母亲亦无言语，撩起衣襟拭眼。她千里迢迢探望儿子，卖掉了鸡蛋和小猪崽，还要节省许多开支才凑足路费。来前，在白天的劳碌后，晚上在煤油灯下嗑瓜子。嗑好的瓜子肉放在一起，看它们像小山一点点增多，没有一粒舍得自己吃。十多斤瓜子嗑亮了许多夜晚。

服刑的儿子垂着头。作为身强力壮的小伙子，正是奉养母亲的时候，他却不能。在所有探监人当中，他母亲衣着是最褴褛的。母亲一口一口嗑的瓜子，包含千言万语。儿子"扑通"给母亲跪下，他忏悔了。

一次，一结婚不久的同龄朋友对我抱怨起母亲，说她没文化思想不开通，说她什么也干不了还爱唠叨。于是，我就把这两个故事讲给他听。听毕，他泪眼朦胧，半晌无语。

■ 赏析

此时无声胜有声！

母亲对儿子的炽爱就包容在母亲的一举一动之中，世间博大的母爱，就是在这无声的关爱之中散发着温馨，一根裤腰带，一包白花花的葵花子，这中间寄托着母亲多少的渴盼与期冀呵，母不嫌子贫，子不嫌母丑，世间有多少母子真情值得我们褒扬和赞叹的呢？

当你那颗流浪的心感到孤寂的时候，请回过头，眺望一下那身在远方的母亲……

■ 父爱安全网

>> 石涧竹

父爱像用布条编成的网，看似粗糙，孩子睡在里面却很安全。父爱像缕缕阳光，能给孩子一生的温暖。

隔壁的小吕从湖北老家回来，给我们讲了这样一个故事。

1998 年 8 月 1 日晚上 8 时左右，湖北省嘉鱼县接兴洲长江大堤突然决堤，洪魔卷起惊涛巨浪呼啸而出，100 平方公里的美丽家园顿成泽国，5 万余人被洪水围困。

梁冬华所在的村庄依山傍水，呈梯状布局。梁冬华的家在最低位置的河边。

洪魔扑进梁家时，冬华刚刚哄女儿入睡，正准备洗碗做家务。见洪魔突然扑进，冬华大吃一惊。洪水流量之大涨幅之快，是冬华平生未见过的。稍一迟疑，水已涨至大腿。

"不好啦！决堤了！"外面传来村民的惊慌呼叫。

在这危急时刻，冬华首先想到的是留在家中的另一个人——年仅 1 岁的女儿。他冲向卧室抱起熟睡的女儿欲往外冲，谁知一个浪打来，大门及窗户哗哗作响。浪将冬华逼进屋内，水一下子涨至腹部。

"女儿不能浸水，否则有生命危险。"想到这，冬华急中生智，抓过浮在水面的女儿平时洗澡用的塑料盆，将女儿放在盆里，自己划着盆护着女儿顺流从敞开的后门游去。

外面一片漆黑。冬华原想护着女儿游向村后的小山，可是洪水太急，自己的腿又有伤，已力不从心。他只好顺流而下。

冬华护着盆中的女儿，犹如护着汪洋中的一条小船，就这样漂流着。

不知道过了多久，梁冬华已精疲力竭，接连呛了好几口水。就在这时，他们漂到了一片树林里。冬华抓住一根树枝，顺着水势将女儿推向树干。这是一棵三杈树，树的分叉部位正好嵌上女儿的洗澡盆。冬华将女儿安置好，自己抱着树干稍作休息。

水仍在上涨。冬华明白，自己早晚会坚持不住，只要离开这棵树，父女必然葬身洪流。

必须想个办法救下女儿才行！

冬华一手抱树，一手脱下衬衣。他用牙用手将衬衣撕成布条，结成两根布绳，再用布绳在盆子上套了一个十字捆，系在树上。他惟恐不牢，他又换手脱下自己的长裤，用同样的方法将盆子绑成井字形，分别系在三根树杈上。他又除下身上惟一的内裤，用尽最后的力量撕成布条，圈在盆周围。布条如网一样将盆子紧紧网住。

做完这一切，冬华没有丝毫力气了。望了望熟睡的女儿，他笑了笑，松开了自己的双手。

天亮后，解放军救灾部队的冲锋舟在救附近树上的群众时，听到了孩子醒来的哭叫声。冲锋舟驶近那棵树时，船上的指战员和先前被救起的群众惊呆了：这是人世间多么伟大的一种爱呀！

父爱就像梁冬华用布条编成的网，看似粗糙，孩子睡在里面却很安全。父爱像缕缕阳光，能给孩子一生的温暖。

■ 赏 析

肆虐的洪魔翻卷着，咆哮着，要摧毁一切。

在死寂的深夜，水在上涨、上涨，它漫过冬华的腹部，漫过静谧的村舍，它张开大口，它到底还要吞噬什么？

可就在这呼啸的惊涛巨浪之中，有一神力量在积攒着，汇聚着，对抗着……——这是父爱的力量，人世之间最亲切最温暖的力量！

我真想知道，在这样一个晚上，那个"年仅1岁"的"熟睡"的女孩，做了一个什么样的梦呢？

母爱的力量

>> 程咏泉

"母爱可以拯救一切。"是啊，我们每一个脆弱的生命，不都是在母爱的呵护、牵引下坚强起来的吗？母爱的力量就是我们生的力量啊！

那年，小弟因为受伤住进了医院，我去陪护。同病房有一个女孩，她是因为车祸住进来的，自住进来的那天起，她就一直昏迷不醒。

女孩在昏迷中不时地喊着："妈妈，妈妈！"

女孩的爸爸手足无措地坐在病床前，神色凄楚地看着女儿痛苦地挣扎，不知该如何帮助女儿，只是不停地哀求医生："救救我女儿，救救我女儿！"

他不知道，医生该用的药都已用了，而病人，有时候也是要自救的，能不能活下来，要看她对这个世界是否充满生的渴望。

一位年轻的护士问那个男人："女孩的妈妈呢？你为什么不叫她妈妈来？"

男人埋下头，低低地说："我们离婚很久了，我找不到她。"

护士皱了皱眉头，默默地坐下来，轻轻握住女孩冰凉的手柔声说："女儿乖，妈妈在，妈妈在。"

男人抬起头，吃惊地看看护士，少顷，脸上流满泪说："谢谢，谢谢！"

女孩唤一声"妈妈"，护士答应一声。护士与那个女孩差不多年龄，还没结婚。

女孩像落水者抓到了一根稻草般死死握紧护士的手，呼吸慢慢均匀起来。

在以后的日子里，那位护士像一位真正的妈妈那样，寸步不离地守在女孩病床前，握着她的手给她说话、讲故事、轻轻地唱歌……

直到那女孩完全醒过来。

医生说："她能苏醒是个奇迹。"

女孩说："我感觉到妈妈用一双温暖的手，一直牵着我，一直牵着我，把我从一个黑黑的冰冷的井里拉上来……"

人们把赞扬的目光投向那位充满爱心的护士，护士的脸微微红了说："我记得读过一句名言：'母爱可以拯救一切。'"

是啊，我们每一个脆弱的生命，不都是在母爱的呵护、牵引下坚强起来的吗？母爱的力量就是我们生的力量啊！

我在感叹母爱伟大的同时，更加钦佩那位年轻的护士奉献母爱的勇气。

■ 赏 析

让我们再一次默默地重复那句话：母爱可以拯救一切。

从这句话里，我们深切地体会到母爱的力量，她用一双温暖的手把小女孩从死神的边缘拉回来，是博大的爱滋润了一颗即将干涸的心，是爱的激流濯清了一切的晦暗和阴影，从爱的怀抱中苏醒，小女孩再次睁开了那双多么纯净的眼睛……

朋友，从这则故事里，你还能得到点儿什么呢？

■ 父亲的眼泪

>> 朱　珊

　　其实无论男人女人，谁到了伤心处都是会流泪的。泪水的价值就在于它给予它的制造者和接受者那种发自内心的悸动。他的泪水或许在别人看来是平凡的一点一滴，但在我看来却是整片大海。我就是海上的一叶小舟，大海托着我，直到我驶出港湾的那一天。

　　也许上帝在创造人类的时候，就把眼泪定义为女人的工具、男人的收藏。对于女人来说，流泪似乎是天经地义的，而生活中我们又经常会听到诸如"男儿有泪不轻弹"之类鞭策男人的话语。

　　其实无论男人女人，谁到了伤心处都是会流泪的。泪水的价值就在于它给予它的制造者和接受者那种发自内心的悸动。

　　父亲从我的童年起就是我心中最坚实的一堵墙，是我随时可以停靠的最安全的港湾。我的父亲是坚强的，他像其他坚强的男人一样，不轻易落泪。在我的记忆中，父亲只流过两次泪。

　　我所见过的父亲的第一次落泪是在我只有八九岁的时候。那天电影频道播放《周恩来》，父亲看得很认真，还不时地结合片子的情节给我讲些周总理的故事。影片最后演到周总理去世，人们十里长街送总理的那一幕时，父亲竟然落泪了。我诧异地望着他，因为这是我第一次看到父亲的眼睛被泪水浸红的样子。后来我才知道，十里长街送总理的那天，父亲挤在人群中，亲眼看着灵车从身边驶过。

难怪父亲会触景生情。也许我还不能很准确地去理解和说明像周总理这样的伟人究竟留给了我们些什么，但我知道父亲的泪水是他所留给我的最微小却最能感染我的东西。芸芸众生中我不能不说父亲是平凡的，但这时父亲的泪水的价值就在于它的无私，这在我看来是平凡中的一种超脱。于是从那一天起，我爱上了父亲的眼睛。

第二次见到的父亲的泪水却完全是为我而落下的。一个月前，父亲在家长会后与我谈话，我们说了很多，最后父亲说到要我理解做父母的心情时，他忽然低下了头，捂住眼睛。我的直觉告诉我父亲落泪了，那双眼睛又被泪水浸红了，那双我深爱的眼睛。我呆住了。我知道父母给予儿女的是全部的爱，而我回报给父母的爱却是残缺的，我竟然让父亲落泪了，不是喜极而泣的泪，却正好相反。上一次父亲的泪水是为了一种很崇高的感情而流，这一次却是为了我，为了我的错误和疏忽。我被这泪水震撼了，真的，那一刻，我不知所措……

当人因为伤心而落泪，我们就不会去计较眼泪究竟是种工具还是收藏。在这种时候，我们更愿意想信，眼泪不是为自己而流，却是为了别人。

男人的泪水是珍贵的，尤其是父亲的。

他的泪水或许在别人看来是平凡的一点一滴，但在我看来却是整片大海。我就是海上的一叶小舟，大海托着我，直到我驶出港湾的那一天。

■ 赏 析

本文从一个独特的视角写了自己所熟悉的人的内心世界。

文章具体写了父亲的两次落泪：一次是观看影片《周恩来》时，

触景生情，为了一位已逝的伟人；一次是为了不争气的"我"。两次难得见到的落泪，使读者看到了一位坚强父亲的丰富而细腻的情感世界。不仅如此，作者由此展开联想，于是，父亲的泪水就成了"整片大海"，而"我"就成了"海上的一叶小舟"，在父爱的呵护与鼓励下乘风破浪，勇往直前。

■ 生日寄语

>> 计　强

青春岁月，有如一条悠悠不肯回头的河。

生日是一根线，一头是我，另一头是外婆；生日是一个圆，圈住外婆的笑，圈住我的记忆；生日是一条河，那匆匆的流水，把我的思念带到外婆身边。

外婆的生日是歌，那样深沉，那样委婉；我的生日是诗，写完幼稚又写成熟。外婆记得我的生日，却记不住她自己的生日；我记得外婆的生日，而记不住我自己的生日。我说："外婆，你记性一点儿不好，连自己的生日都记不住。"外婆笑笑说："强子记性真好，我的生日都能记住。"

从出乳牙到换恒齿，是外婆用生日为我串成金色的童年。每次我的生日，外婆都说："吃了长寿面，活到 100 岁。"我也祝福说："外婆也活 100 岁。"外婆笑了，笑得好开心；我也笑了，笑得好傻气。在笑声中，画出我一圈圈的年轮。

外婆过生日时，好深沉，好深沉，叫我怎么也读不懂。烛光中看到的是外婆那堆满皱纹的笑脸，如夕阳般有几多辉煌几多忧愁。妈妈说："老年人过一次生日，就要比以前更老。"是啊，外婆老了，我怎么没发现呢？

谁都想挽住时光，但谁又能留住岁月？长大了以后，我随父亲一起离家在外，很少给外婆过生日。有一年外婆的生日，我给她买了一台很小很小的收音机。后来，妈妈说，外婆摸着小收音机笑了，笑得眼泪都流出来了。可是，外婆在"强子能回来就好了"的叨咕声中病了，病得很重很重。在我还没来得及看外婆最后一眼的时候，外婆就去了，去得那样匆忙。外婆握着那很小很小的收音机，在"强子，我的孩子"的呼唤声中去了，永远地去了……在我今后的生日中，再也看不到外婆那慈祥的笑容了，有的只是那无法排遣的思念。

■ 赏 析

这是一篇很有特色的抒情散文。

一是构思新巧。写别人写"滥"了的内容，成功的关键就看如何努力在形式上出新，如何巧妙设计。本文表现祖孙亲情，其题材并不新，但作者能在"生日"这个特定形式上，把"情""结"起来，表达主题，与众不同。

二是语言优美，感染力强。这得益于作者使用的修辞技巧。如开头一段，每句都是比喻和比拟的连用，而且三句合在一起，又构成了排比，所以开篇就感染读者。再如"外婆记得我的生日，却记不住她自己的生日；我记得外婆的生日，而记不住我自己的生日。"这是用回环修辞格，使文章有了诗歌的韵味。

■ 母亲是一种岁月

>> 星 冀

"谁言寸草心，报得三春晖。"母亲是一种岁月。在绝无平坦而言的人生旅途，担负最多痛苦，背着最多压力，咽下最多泪水，仍以爱，以温情，以慈悲，以善良，以微笑，对着人生，对着我们的，只有母亲！永远的母亲！没有母亲，生命将是一团漆黑；没有母亲，社会将失去温暖。

少年的时候，对母亲只是一种依赖。青年的时候，对母亲也许只是一种盲目的爱。只有当生命的太阳走向正午，人生有了春也开始了夏，对母亲才有了深刻的理解，深刻的爱。

我们也许突然感悟，母亲其实是一种岁月，从绿地流向一片森林的岁月，从小溪流向一池深湖的岁月，从明月流向一片冰山的岁月。

随着生命的脚步，当我们也以一角鱼尾纹，一缕白发在感受母亲额头的皱纹、母亲满头白发的时候，我们有时竟难以分辨，老了的，究竟我们的母亲，还是我们的岁月？我们希望留下的究竟是那铭心刻骨的母爱，还是那点点滴滴、风尘仆仆、有血有泪的岁月？

岁月的流逝是无言的，当我们对岁月有所感觉时，一定是在非常沉重的回忆中。而对母亲的牺牲真正有所体会时，我们也一定进入了付出和牺牲的季节。

有时我在想，作为母亲，仅仅是养育了我们吗？倘若没有母亲的付出，母亲的牺牲，母亲博大无私的爱，这个世界还会有温暖、有阳光、有我沉甸甸的泪水吗？

我们终于长大了，从一个男孩变成一个男人；从一个女儿变成一个母亲。当我们以为肩头挑起责任也挑起命运的时候，当我们似乎可以傲视人生的时候，也许有一天，我们突然发出，我们白发苍苍的母亲正以一种充满无限怜爱，无限关怀，无限牵挂的目光在背后注视着我们。我们会在刹那间感到，在母亲的眼里，我们其实永远没有摆脱婴儿的感觉，我们永远是母亲怀里那个不懂事的孩子。

我们往往是在回首的片刻，在远行之前，在离别之中，发现我们从未曾离开过母亲的视线，离开过母亲的牵挂。"谁言寸草心，报得三春晖。"我总在想，我们又能回报母亲什么呢？

母亲是一种岁月。无论是我个人的也许平庸也许单纯的人生体验，还是整个社会前进给我的教诲和印证，在绝无平坦而言的人生旅途，担负最多痛苦，背着最多压力，咽下最多泪水，仍以爱，以温情，以慈悲，以善良，以微笑，对着人生，对着我们的，只有母亲！永远的母亲！

没有母亲，生命将是一团漆黑；没有母亲，社会将失去温暖。那是在我认为生命最艰难的时刻，面对打击，面对失落，我以为完全失去了。就在那一刻，是母亲的一句话，让我重新启程。看着我掩饰不住的沮丧，母亲说，该知足了！日子还长！

于是我便理解了，为什么这么多哲人志士，将伤痕累累的民族视为母亲，将涛声不断的江河视为母亲，将广阔无垠的大地视为母亲。

因为能承受的，母亲都承受了；该付出的，母亲都付出了。而作为一种岁月，母亲既是民族的象征，也是爱的象征。

也许因为我无以回报流淌的岁月所赐予我的，所以，我无时无刻不在爱着我的母亲，我的老母亲。在我眼里母亲是一种永远值得洒泪的感怀的岁月，是一篇总也读不完的美好故事。

■ 赏析

作者将母亲比喻成"一种岁月"，绝不是突发奇想，而是一种长期人生体验的感悟。是啊，在岁月的流动中，随着生命的脚步，大多数人对母亲尽着力所能及的尊重、依从、爱护和孝顺，这肯定出于自觉和真诚，但也不能否认是出于动物性的本能与社会的责任。而作者对爱的体验已超出感性，具有了理性色彩。作者坦言：少年的爱是一种依赖的爱，青年的爱是一种盲目的爱，只有当自己走过花季走向成熟时，对母亲的爱才是自觉与深刻的。文章所袒露的母爱不是狭隘的、自私的，他不仅仅是吟唱对自己母亲爱的心声，而且是在高歌对天下所有母亲爱的衷曲。他由己及人，由小及大，"于是我便理解了，为什么这么多哲人志士，将伤痕累累的民族视为母亲，将涛声不断的江河视为母亲，将广阔无垠的大地视为母亲"。他讴歌一切的母亲，也是在讴歌一切向真向善向美的人性，讴歌生命本身；他抒发了对母亲的爱，也融合着对民族、对祖国的热爱。于是，文章本来细腻的缠绵的亲情扩展为一种博大的豪放的感情——即含蓄又热烈，既明澈又凝重。

■ 我家的天是老娘擎着的

>> 博 大

你总是将一种感受的实体昭示与我：自然和人生的存在，是人类的幸福和愉快。

提起我的老娘，就有满肚子的话挤着往外跑。其实呢，她普通得不能再普通了，除了脸上常挂着自然的笑意之外，我看，再没有什么更特殊的地方。可是老娘在我们家人心里，就不那么一般了，不是王婆卖瓜自卖自夸，我们家的天呀，全仗着老娘擎着呢！

听老娘说，她 14 岁就下地干活了，风里来雨里去地干得欢着呢。16 岁时，她就登上了大队会计的宝座，帐码儿清着呢。这就预示着，她将来一定是一把理家的好手。

可是好景不长，刚露点锋芒的她，偏偏得到了"文革"那狂风暴雨的关照，16 岁的丫头，竟成天陪着我姥爷去挨斗，那苦受得没边儿了。您别看她人小，心量可大呢。她说："要斗就斗呗，反正肚里没病死不了人。"乡亲们总说："别看你妈是个家庭妇女，肚量大得能行船呢！"我长大了才明白，这居家过日子，尤其作为家庭的第一把手，没有点肚量，家庭这片天是擎不起来的。

老爹娶了老娘，那真是他上辈子修下的福。老爹为人老实，可心眼儿小，又不爱说话，出门在外碰上芝麻大的一点事，回家就会往炕一蹲抽闷烟。老娘很有办法——以柔克刚，克来克去就把老爹克得活泛起来，豪壮起来。

老娘有时也挺"可气"，可气过之后一咂摸，还挺有点味道儿呢。十多年前，村中有一个民办工厂，老娘硬是用打保票的办法挤了进去。人们都说她"傻厚道"，专挑脏活和重活干，而且是废寝忘食地干。可是有个别人让"文革"的狂风吹迷了眼，偏在老实人头上找碴儿。老娘呢，并不在乎。她说："我没闲工夫跟她们勾心斗角，咱进厂是干活挣钱吃饭的。"就这样"傻里傻气"地当上了先进生产者。此时，那些迷眼的人又说三道四起来。这回老娘可火儿了："我说大妹子，做人哪，要宁吃过头饭，不说过头话，要前思后想，给自己留条后路，要不那脚将来可往哪儿迈呢?!"就这么叮当几句，把对方就搁到旱岸儿上了。说来也怪，打那儿起，她们反倒对老娘毕恭毕敬起来。可老娘又说："人，还是活实在点好，走路时，一脚下去就得踩出个脚印来，玩儿虚的吃不开！还有，自己要走自己的路，光抱着别人的大腿过日子，早晚让人家拉拉死！"别看老娘这话有点粗，还满有哲学味道儿呢。我总想，有这样的老娘在，我们家的天没塌的时候！

如今的老娘，当了老板，成为女强人！可谁又知道，我家的这几万块钱的家底儿，竟是从几条处理的秋裤滚起来的呢，那可真是白手起家呀！其实老娘是个脸皮儿很薄的人，平时多说一句话，不是耳朵根子发烧，就是手心里冒汗。没办法，人，不都是逼出来的吗？十年前老爹出了公伤，哪儿都得用钱，家中眼看弹尽粮绝了，老娘一跺脚，挎起个破皮包，抬腿下了海。老爹左拦右拦，老娘就是不听，一个猛子就扎下去了。整整 10 个春秋，老娘开着一艘破船，始终不肯靠岸。她说："干事就得干到底，没病没灾儿的，歇个啥劲儿。人哪，别学懒，记住，不管到哪儿，也得往上奔。"

我敢说，只要有老娘在，我家的天永远是晴空万里！

■ 赏 析

　　"老娘"虽说是位"普通得不能再普通"农家妇女，但她却有着一股犟劲儿，忠实能干，敢闯敢拼，泼泼辣辣，永不知累。

　　正是靠着"老娘"的这股子韧劲儿，硬是撑起了一方天空，硬是叫那些迷着眼说三道四的人，惊奇得瞠目结舌。

　　"老娘"的天，是蓝蓝的天……

■ 为父亲流泪

>> 赵 彤

"血浓于水，根叶相连。"父亲想用他那粗糙的双手为女儿挽住星，挽住月，但……父亲想给女儿舒适、快乐、温馨，但……为你的父亲流一滴泪吧！这泪中有理解，有关怀，更有无限的感激！为你的父亲流一滴泪吧，这滴晶莹的泪诠释着昔日对父亲的体谅、体现着今日对父亲的赞美，昭示着明天对父亲的报答；为你的父亲流一滴泪吧，让这泪化作一把雨伞，遮住外面的风雨；让这泪化作一阵清风，吹干父亲额头上的汗滴；让这泪化作一腔祝福，在人生之旅上陪伴着那个最爱你的人——父亲！

不知是何缘故，不知不觉间，泪从我眼角滑落，淌到唇边，滴在心间。

永远也忘不了作者那句"你为父亲流过泪吗？"是啊，我没有为父亲流过一滴泪，尽管我眼角常有泪。我曾为素不相识的孤苦老人，曾为寒风中大声叫卖的辛苦小贩掉过泪，我认为他们太苦了。而面对我的父亲，这个为生活日夜奔波，对工作倾尽心血，为我不辞辛苦的人，何尝有过一丝感动？

友情也许会褪色，誓言也许会被遗忘，但是亲情将永存人间。"血浓于水，根叶相连。"文中父亲为作者付出全部的心血，而我的父亲又何尝不是为我奉献了所有的爱，全部的情？朝朝暮暮，春去秋来，父亲用他那辆自行车把我从幼儿园推到了小学，又从小学送到了中学。我的每一点进步，都是父亲心血的结晶；而我成长路途上的每一次跌摔，毫不留情地在父亲那宽阔的额头上留下抹不去的印迹。父亲用他那有力的臂膀为我撑起了自由的天空，父亲用他那坚实的步伐为我踏平了成长路途上的荆棘。而岁月，却使父亲高大的身躯日渐沉重，却令父亲那自信的容颜日渐苍老。

细细品味生活中每一个微小的片断，我第一次觉得父亲是那么的值得赞颂，我第一次为我那平凡的父亲流泪了。亲情无价，父爱无价。平凡的父亲每天做着平凡的事，说着平凡的话，然而，那心中，却有着多么不平凡的爱！

朋友，你曾因父亲严厉的训斥而怨恨过吗？你曾因父亲的落伍而轻视过他吗？你曾因"代沟"而与父亲产生过隔膜吗？曾经有过，对吧？其实，这个世界上，最疼你的，最了解你的，你最应该佩服的人，就是你的父亲！

《平凡的父亲》里这样说道："父亲想用他那粗糙的双手为女儿挽住星，挽住月，但他却不能够：父亲想给女儿舒适、快乐、温馨，但他却不能够。"他只能用那双手，做他力所能及的事，给儿女及周围的人做他所能做到的一切！

为你的父亲流一滴泪吧！这泪中有理解，有关怀，更有无限的感激！为你的父亲流一滴泪吧，这滴晶莹的泪诠释着昔日对父亲的体谅、体现着今日对父亲的赞美，昭示着明天对父亲的报答；为你的父亲流一滴泪吧，让这泪化作一把雨伞，遮住外面的风雨；让这泪化作一阵清风，吹干父亲额头上的汗滴；让这泪化作一腔祝福，在人生之旅上陪伴着那个最爱你的人——父亲！

■ 赏析

这是一篇让人动容的随感散文。一个没有为父亲流过泪的孩子，从面对一部作品中平凡的父亲，到面对自己生活中平凡的父亲，到面对千千万万同样平凡的父亲，流下了"父爱无价"的泪水，在脸上，在心灵的深处。

作者受到了来自《平凡的父亲》的深深的震撼，这种力量在掩卷之后继续深入到作者内心，但是本文跳出了一般的读后感的旧套，也没有囿于原文材料，它由亲情引发开去，以浓重的抒情笔墨铺展叙写了作者所感受的一波一波的心潮。感情的跌宕起伏使得文字充满一种感染力和冲击力，更增强了布局上的层层推进。作者的表述既是独立的同时又与原文相唱和，对语言的运用尤为成功，遣词造句独到精彩，吸收了演讲体文章的特色，堪称是一篇亲情的礼赞。

■ 回家真好

>> 晓 燕

家是温暖的港湾，是每一位匆匆过客停留的驿站。远离故土的游子们，是多么想回到他们日夜想的家啊！在这个充满了亲情的港湾里，我只想说：回家真好。

每每想到回家，我都想大声地呼喊：回家真好！

是的，回家真好！

家在乡村，那里没有大城市的喧闹和繁华，但是，那里却有着独特的静谧和充满着泥土气息的芳香。每每想到家，我都会想起村前那条清澈见底的小河，那一大片绿油油的草地，还有那在草地上溜达的牛儿、羊儿。家乡的一草一木、一山一水，在我心里都是一幅最美的风景画。每次回到家，欣赏着这大自然亮丽的风光，嬉戏在大自然宽广的怀抱里，展望着家乡美好的未来。我真想说：回家真好。

是的，回家真好。

家是温暖的港湾，是每一位匆匆过客停留的驿站。每当我从学校返回到家里，家人的那股亲情浓厚得几乎把我融化。家是贫穷的，没有大鱼大肉，没有巧克力；但，家又是富有的，家有红薯芋头、玉米黄豆，还有那自家种的果树，自家养的猪、鸡、羊。平日不在家的日子，平常得不能再平常，清苦得不能再清苦，可一回到家，家里就忙得像过节，平日里不舍得吃的拿出来了，不舍得花的又破例花了。母亲捧着我的脸仔细地端详，目光里充满了慈爱，吃饭时不多话的父亲直往我碗里夹菜。弟妹们围着我叫我讲城里的新鲜事，稚嫩的脸上充满了向往与神奇。可他们哪能理解，远离故土的游子们，是多么想回到他们日夜想的家啊！在这个充满了亲情的港湾里，我只想说：回家真好。

是的，回家真好！

■ 赏 析

家呵，是一方充满亲情的港湾，这里，到处荡漾着泥土气息的芳香。这里到处飘动着浓酽厚道的乡风。

远离大城市的喧闹和繁华，在独特的静谧之中仔细恬读那小河，那草地，那家的温馨……让一颗漂泊异地的心被重新洗涤，让"我"找回到浓浓的乡情、亲情。

回家真好，是的，回家真好。

似水年华

>> 林海燕

太多的喜欢。因为喜欢，世界才呈现着美丽。因为喜欢，生命才永远年轻。

爸爸在我儿时的记忆里简直一塌糊涂。数不清多少次了，明明说好放学来接我的，可一直等到太阳下山却连个影子都见不着；巴掌大的小商店里，我一次又一次地被他带丢；下车时总忘记后座上有个我，一只大皮鞋往后一扫，一次次让我伤痕累累……当我理直气壮提起这些令人"心酸"的往事，爸爸居然没有一丝愧疚地头一场："怎么，你小的时候我陪你逛公园、看电影、下馆子，你都忘了？"

我当然没忘。他偶尔表现出的细心或疼爱珍贵得屈指可数，想忘掉也挺难的。记得第一次乘电梯时人很挤，爸爸怕出意外就一把抱起了我。本来我兴奋得要命，这样一来我便不依不饶地开始尖叫。爸爸安然地放下我，弯下他魁梧的身躯小心翼翼地帮我系散开的鞋带儿……这幅长久定格的美丽画面或许会感动我生，以至于每次牵着爸爸的大手，总会令我自然而然地想起它曾那样笨拙地系过我脚上的两根细细的鞋带子。

儿时的我身体孱弱得像只小病猫。每次去医院打完针，那源源不断的眼泪和鼻涕都会使我面目全非。此时，爸守在一旁的惟一好处就是他不会像妈那样凶巴巴地"哄"我。他总是打趣地在我耳边哼着:"啦嘿嘿,小娇咪没法活了,小娇咪没鱼吃……"虽然我不可能立刻停止哽咽,可心里的恐惧已赶走了大半。

十几个年头,弹指一挥间。时至今日,我的个头也足以与爸"平起平坐"了。我不再渴望赖在他腿上荡秋千或是他一鼓气把我举过头顶,即使我仍旧热衷于这类危险的游戏,爸也不见得能轻易做到——他的血压不稳定,心脏也有问题。他真的有点老了。

过去的时光终于不再来。曾经的点点滴滴又如春风化雨,滋润着我封尘许久的记忆:夕阳西坠的天空下,我无比英勇地坐在爸那辆风驰电掣般行驶的破单车上,紧紧抓着爸的双臂,在呼呼的风声与旁人惊愕的目光中,大声地唱歌,唱歌……

■ 赏 析

一个可敬可爱的父亲,形象跃然纸上。

从儿时对父亲"一塌糊涂"的记忆,到现在对父亲的挚爱之情,欲扬先抑,娓娓道来,一个鲜活的父亲的形象被勾画得淋漓尽致。

是啊,父爱是伟大的。记忆中那一组难忘的瞬间,无不透射出博大而厚道的亲情。在父爱的天空下,"我"犹如沐浴了春风花雨,多么快乐地成长。

父亲的那座山

>> 熊明国

　　我从山里来，是山赋予我一颗美好的心灵，是山给我风骨支起一个生命，是山给我灵性造就一种性格。读山，便是读山的目光，山的气质，山的情怀，山的希冀。

　　读山，便是读父亲。

　　小时候我最爱做的梦是关于山的梦。父亲说，我呀呀学语的时候，便悄悄溜出父亲的臂弯，磕磕绊绊地蹒跚在大山的小路上，可是从来没有走出父亲的那双眼睛。当我玩累了，父亲就大步走过来，双手抱起我，亲昵地吻我，用硬硬的胡子扎我，痒煞人。这时，我就会温顺地依在父亲的怀里撒娇："爸爸，那是什么?""是山。""山那边是什么?""是天空。""天空下面又是什么?""又是山。""大吗?""大哩。"……我把两只手拢起来，捂住嘴学着父亲粗犷雄浑的声音向着山说："大——哩——"

　　读山，便是读父亲。

　　在我的记忆里，农村的生活是呆板而平淡的，是很苦的。每天早晨，父亲一声如雷般的吆牛声惊醒了太阳，迎着那火红的血球走向田野，走出一幅希望的风景；每天黄昏，父亲的锄锹磕碰硬土块的声音溅出了星星，惊起了月亮，父亲才扛着那银白的弯钩犁铧走向村庄。本应是疲惫的，但父亲却没有一点倦意，尽管父亲脸上的皱纹如一座座有沟有壑的山脉。

读山，便是读父亲。

岁月悠悠，往事如烟，童年在父亲的甘露滋润下遥遥远逝。我长大了，要到山外面去，因为有一个更为广阔的天空、更丰富的世界等待我去了解、去探索。送我启程那天，父亲紧握着我的手说："孩子你去吧，我等着你干大事业……"走过一道道山梁，父亲把我送出了山的怀抱。当我转身向父亲道别时，我望见父亲高大的身躯铸成一座山的雕塑，好慈爱的目光变成父亲给我的永久的期待。

读山，便是读父亲。

山的希望是容易满足的，父亲的希望也是容易满足的。那年冬天，父亲送衣服来，他瑟瑟地站在每块砖头都洋溢着现代化气息的省重点中学的校园门口，我对着我的那些浑身都洋溢着现代化气息的老师和同学们理直气壮地宣告：这是我的父亲。父亲回去后便心满意足地痛痛快快地哭了，一颗颗晶莹的泪珠在昏黄的灯光下，折射出他的大半辈子艰辛，大半辈子或忧或喜、或悲或乐、或苦或甜的记忆，大半辈子山里人的幸福……

读山，便是读父亲。

我从山里来，是山赋予我一颗美好的心灵，是山给我风骨支起一个生命，是山给我灵性造就一种性格。读山，便是读山的目光，山的气质，山的情怀，山的希冀。

啊，读山，便是读父亲。

■ 赏 析

"读山，便是读父亲"。

那山是一抹绚丽、壮美的风景，藏着道不完的童话，道不完的情谊。

那山是一部历史，装着父亲的苦难，父亲的艰辛；

那山是一座塑像，以慈爱的目光带给我永久的期待；

那山是一张床哟，躺在上面，要多舒服有多舒服，要多满意有多满意……

"读山，便是读父亲"。

■ 老 爸

>> 王大伟

父亲那句简短的话语，在我失意和遭受挫折的时候，扶我走过了这段孤独的旅程。

老爸今年50岁，只有我这么一个儿子。听妈妈说，老爸早年是村长，为了响应党的号召，到30多岁才有了我。也许正因如此，我从记事起，就喊他"老爸"。

平时经常听村里的老人们议论老爸，夸他有组织才能。我听了假装不服气。老人们就一起教训我这个"小字辈"，争相讲老爸以前的事。

以前在农村，要想开个会，宣传个事，那可是一大难题。敲着锣挨家挨户地叫，好不容易人到齐了，但孩子哭，妇女笑，男人们的鼾声也很热闹。只要老爸一到，事情就不同了。他的开场白总是："老少爷们。"一句话，让人听着心里舒服。会后，总喜欢办个"联欢会"，会唱的，会说的，都可以站在前面出个节目。每当谁唱错了，老爸总有一句口头禅："更正一下啊！"于是他再唱一遍。但人们都说，老爸"更正"那么多回，没有一回不跑调的。

近几年，农村发生了许多可喜的变化，老爸也变了许多。按说50岁的人该不大注意自己的"形象"了，但老爸偏偏"老来俏"，衬衣总洗得干干净净，皮鞋总是擦得油亮，每次出门还很仔细地梳理头发，走路更像年轻人一般，轻快、潇洒了许多。更新鲜的是，老爸还喜欢流行歌曲，侃起"四大天王"、"小虎队"还真内行。问他怎么会了解这些，他会幽默地说："'潇洒走一回'嘛！"

老爸对我的"关心"也很怪，就拿早上洗脸来说，我想用温水，他却反对："十四五岁的男子汉，别那么娇嫩，以后无论春夏秋冬，都用冷水来洗！"我不满意地说："老爸，人家不习惯！""更正一下啊！这是报纸上说的，冷水洗脸能预防感冒，不习惯，不习惯也得习惯！"瞧，这份关心够厉害吧。

老爸总是三天两头检查我的作业，但随着我学习的知识越来越深，老爸也渐渐地对着"X、Y、Z"犯糊涂了，于是，检查作业也就改为检查分数了。老爸尽管对我的学习要求十分严格，但是每晚的少儿电视节目和新闻联播非让我看不可，而且星期六晚上还"加菜"，不是"综艺大观"，就是"曲苑杂谈"，直到我尽兴为止。这时，我就会夸老爸："老爸，您真懂我心！"老爸会用手拍一下我的后脑勺说："更正一下啊，这叫父子连心！"

我的老爸就是这样，和许多父亲一样，他很普通，很平凡。他爱自己的儿子，并且，他的爱里似乎比别的父亲又多了点什么……

■ 赏析

父子亲情，人皆有之，文章不像其他许多作品那样，抓住一件感人之事大书"特书"，而且曲径通幽，于细微处见真情。从"老爸"的日常习惯到家庭琐事，活灵活现地展示了"老爸"的全貌及可爱之处，不落俗套。

本文从"老爸"的政治水平、组织才干、外貌特征、兴趣爱好、教子方法等几方面精选材料，描绘出一位与众不同、栩栩如生的父亲形象。文章结构紧凑、严谨，表达严密，逻辑性强，过渡自然。结尾含蓄深沉，笔法不俗。

■ 奶奶的背

>> 郑 丽

人不会永远年轻，来也匆匆，去也匆匆，朋友，快启程。

　　我是在奶奶的背上长大的，是奶奶教我认识了这个世界。在我的眼里，奶奶是了不起的人，是我最亲近的人。

　　儿时，多少次奶奶背着我在田间，在灶前，在泥泞的小路上颠簸。记得那时，我用手摸着奶奶的头发："奶奶的头发上有一根白线。"慢慢地我长高了，奶奶头上的"白线"也由一根变成了二根、三根……奶奶老了，只是那时我并不懂得。6岁时，我上了小学（那时我们还住在农村，学校离家较远，妈妈爸爸又在城里上班），奶奶每天早早起来做饭，无论刮风下雨，都按时接送我。每当过村口的那条河时，奶奶总是背上我。河水不深，但时值初冬，想来一定很凉。我趴在奶奶的背上，啊，好暖和，好舒服。奶奶走得比以前慢了，我用手拍着奶奶的背："奶奶快走，奶奶加油"。现在回想起来，我真后悔。我想起那冰冷的水、刺骨的风，还有奶奶缓缓移动的脚步，我的心不由得颤抖，啊，奶奶……

　　奶奶的背是摇篮，也是课堂。有一次奶奶背着我，从李伯伯家的葡萄架下走过，我顺手摘下一粒葡萄，放在嘴里："伯伯家的葡萄真甜。"奶奶重重地将我放在了地上，我眼里那慈祥和蔼的奶奶不见了。奶奶生气了，发怒了，狠狠地把我说了一顿。我哭了，觉得很委屈。仅仅因为我摘了人家一粒葡萄，奶奶就不喜欢我了吗。奶奶俯下身擦去了我脸上的泪，又背上了我，叹了口气说："好孩子是不拿人家东西的，做人要清清白白……"我抽泣着点头。十几年过去了，我忘不掉，永远忘不掉奶奶说的话："做人要清清白白……"奶奶给我上了人生的第一课。

我长大了，再也不用奶奶背了。奶奶更老了，走起路来更缓慢。

暑假时，我和奶奶回到了故乡，回到了儿时所熟悉的地方。当来到那条小河边，昔日的一幕幕又浮现在眼前。看看身旁的奶奶；头发都已全白，脸上也深深地刻下那时的艰辛和劳苦的印痕，刻下了对我的关怀和无限的爱。我的眼睛模糊了，坚决要背奶奶过河。

还是这条河，河水还是那么恬静，那么清澈，那么潺潺地流着。似乎所有的一切都没有变，只是今天我是背奶奶过河，我高兴极了，兴奋极了。奶奶在我的背上，显然也很激动，我感到奶奶的胸口在急促地起伏，呼吸比当初背着我时还紧张。奶奶在我的背上喃喃自语道："真没想到，还会有这一天，让孙女背奶奶过这条河。"我是在奶奶的背上长大的，奶奶背我的次数是无法计算的，可我只背奶奶这一次，奶奶就心满意足了。啊，奶奶……

■ 赏 析

本文以奶奶的背为行文的线索，突出地表现了奶奶的背是摇篮，是课堂这一主题。围绕着这一主题，作者集中笔墨，详写"摘葡萄"和"过河"两件事，对奶奶背着我在田间、在灶前，在泥泞的小路上的描写，虽然只是一笔带过，但都离不开奶奶的背这一中心。

暖暖亲情融入其中，从"奶奶"身上，作者懂得了什么叫爱；从奶奶身上，作者懂得了怎样做人。

■ 心弦上不逝的风景

>> 沈迪枝

棋道即人道，哪怕生命的棋势再险再恶，哪怕自己只剩下小小一卒，我也坚定地拼搏，拼搏，耐心地等待。

去县中补习那年，父亲病重，母亲脱不了身，叫妹妹送我。

那天，山风很大，羸弱的小妹肩挑两筐沉沉的行李，在沟沟洼洼里晃荡，瘦小的身子像根离地的芨芨草，颤颤地颠簸在荒凉里。

我默默无语地随在后面，静静地听风声绿竹扁担的吱呀声。满山是血色的夕阳，浸赤了草尖林梢，染红了隐隐的村居，小妹蜡黄的脸映得红山茶一样。

"哥，前面就是状元泉，四爷爷说，叫了状元泉，明年准能考中。"小妹一脸粲然，凌乱的刘海儿下，是一双充满渴盼的眼睛。

小妹放下挑，理了理乱发说："哥，我帮你叫，我声尖。"小妹像山里的妞赶集似的掩不住喜悦。

娘娘岭上，小妹立在翻涌的草波里，夕阳柔柔地裹了她的浑身，像芦苇荡中的丹顶鹤。

小妹瘦小的双手拢成海螺状，微微地耸起身子，深吸着干涩涩的山风。一个尖长尖长的声音，远远地掠过山风，在梁子草坡间穿梭……

山风正凶，娘娘岭上却如一个沉静的湖，落日的余晖染红湖面归巢的林鸟，染红了小妹伫立的身影，染红了那声如岸边号子的长音："哥，你能中，准能中——"

"哥，你听，状元泉回声了，你听，你听!"小妹回眸间的一脸喜色，使我的眼眶盈盈地温热起来。

山谷的回音，嗡嗡的，一片模糊，我却听出了明晰，听出了厚厚实实的分量。

"哥，明年你准能中!四爷爷说，状元泉有灵性。"小妹扑闪着亮黑的眼睛，定定的凝视了我一阵，默默地又挑起筐赶路。

远山的雾渐渐地朦胧起来，浑圆的夕阳收起最后一抹霞光，暮色淡淡地袭来。凝视着小妹挑着硕大的箩筐颠簸着，瘦小的身影隐入暮色，我泪流满面。

回城的日子我精精细细地跋涉过每一个朝暮，不管我未来的日子是否感应到小妹呼泉的灵气，是否有风有雨，小妹，我依然恋你，你给我一生的感动，永远是那道心弦上不逝的风景。

■ 赏 析

娘娘岭上，小妹"尖长尖长的声音"，带着期盼，带着浓浓的亲情，任狂野的山风撩拨起她单薄的衣衫，但无论如何，也遮不住她那双"扑闪着亮黑的眼睛"。

状元泉听到了，听到了……

在小妹颠簸的身影里，"我"读懂了爱，读懂世间无法比拟的亲情。

"小妹，我依然恋你，你给我一生的感动"，你是"我"心弦上那道永远不逝的风景!

■ 没有父亲的父亲节

>> 蔡玉明

没有泪水的人，他的眼睛是干涸的；没有梦的人，他的夜晚是黑暗的。

每年一次的父亲节，定会给父亲打个电话，或是请他饮茶，或是吃顿饭。有时想带点父亲喜欢的小礼品，但时时懒得动手，塞三五百元给老父："爸，饮茶也好，做麻将本也好，输了是我的，赢了归你！"老父定然开心，笑声震耳。

这样的父亲节如今不再。

父亲是今年清明"去"的。去得匆匆。从进医院到去世，仅仅15天。当他的心电图成一直线时，天上雷雨大作，我在大雨中送父亲进太平间，天地与我同哭。

之后每一个清晨，我想起的第一个人，第一件事，便是父亲。撕去5月的日历，我想到父亲节，睡觉夜夜失眠，不堪重负，着着实实地躺了10天。期间迷迷瞪瞪发烧时，便是重演与父亲的一幕幕往事。父亲节前一天，半夜起来，在房子里转悠，排了一堆父亲喜欢的东西：铁观音茶、人参丸、深海鱼油一大堆，下意识是送给父亲过节的。礼物办齐，大哭了一场，物是人非，父亲节的礼物，连同"Happy Father's Day！"，如今还可赠与谁？我始终不肯接受，今年的父亲节已没有了父亲！

而且，以后所有的父亲节，也不会再有父亲。

■ 赏 析

"父亲走了。"痛苦的"我"清点着属于父子之间的那一段段亲情，清点着那依稀可见的记忆，一种难以割舍的痛楚的思绪伴着热泪滚落下来，轻轻的，静静的，裹着温热的心跳，流淌成一条思念的小溪。

作者以平实的语言，朴实的风格，道出了一段哀婉的父子情歌，叩击着天下所有知冷知暖的游子的心……

■台 阶

>> 陆绚宇

终于有一天，我决心走进自己灵魂深处，试图寻找有无榜样存在的可能，灵魂坦然一笑：答案是你锁着的，钥匙也在你手中。

大雨滂沱，我打着伞等车。雨水越积越深，快要淹没我的脚了。我四下张望，才发现不远处有一方台阶。终于，我躲过了双脚湿透的厄运。这一层台阶其实很小，仅能立足，却使雨中的我得到了安全。这方台阶便在我心中久久不能抹去了。

拐角处一个熟悉的身影，打着伞，匆匆而来。不一会儿，我的身旁就多了一把伞，原来是妈妈。也许是雨珠顽皮，妈妈虽然打着伞，后背还是给雨打湿了，头发也一缕缕地贴在额头上，还不住地滚下晶莹的雨珠。她右手提前一双套鞋，腋下夹着一件外套，胸膛还在起伏着。"还好，还好，我还担心你走了呢！来，快把套鞋穿上。要知道，病从脚起，脚是最不可受冻的了。哦，对了！还带了衣服呢！也穿上，身体也要保护好……不错，不错，这就叫'全副武装'！"我们俩都笑了。但也许是妈妈那一串话太长太重了，我的心总是轻松不起来。"时间快到了！我得去上班了！"妈妈又笑了一下就转身走了。很快，那把伞就隐没在拐角处。从它出现到消失，加起来也只有五分钟，而我却已是"全副武装"了。我突然发现，我还有另外一方台阶。

拐角处又出现了一把伞，伞下是个瘦瘦小小的小姑娘。不一会，她走到了我的身旁。她没有穿套鞋，也没有台阶可以站立，只好任那双小脚丫被雨水浸泡着。我随即将脚下的台阶让给了他。"那你怎么办？"她问。我指指套鞋，答道："我有这个！"其实，我心里想的是妈妈。

台阶确实不大，但却在人们需要的时候甘做人们的垫脚石。我很高兴大雨让我明白了台阶的意义，更高兴的是在我认识到生活中台阶的重要性后，自己也做了一回台阶。

台阶，已在我心中……

■ 赏 析

文章记叙的事很平常：雨中母亲为自己送雨鞋、衣服。这个似乎陈旧的题材却被作者写出了新意。文章巧妙地用台阶贯穿始终，从借台阶避雨到领悟生活中的台阶，最后自己做了一回台阶，构思精巧，耐人寻味。这"台阶"，不仅仅暗喻母爱，我们更可以理解为那些生活中不计回报的默默付出和给予。这样的立意就比一般性抒写感受母爱的同类文章高出一筹。

通篇文字朴素而含蓄，没有夸张的矫饰之笔，却让人体味到"我"对"台阶"深深的感激之情。"台阶，已在我心中"，作者的感情已得到一次升华。

■ 母亲的泪

>> 王　喆

　　每当雨季来临的时候，我都会记起这个雨季，记起这个改变了我一生性格的雨季。

　　在我的记忆中，母亲的泪只掉过两次，一次伤心，一次高兴。伤心的泪触动了我，高兴的泪使我有了补过的安慰。

　　初一时，我的顽劣本性使老师们大为恼怒。由于我上课不听讲，不完成作业，母亲便成了老师办公室的"常客"，以至于同学们对我说得最多的一句话就是："你妈妈在办公室。"对此，我的反应不外乎是漫不经心地答应一声，然后盘算怎样到老师那儿"诚恳"地承认错误。对于我的母亲，我从不担心她会对我进行多么严厉的训斥，最多就是说什么"要听老师话啊"，"去上课吧"，或者不轻不重地说教两句，随即便默默地走出校门。

　　那年冬天，也许是我想寻求一下"刺激"，周六上午就逃了半天学。不料，事情败露，被老师押到办公室臭批了一通，末了，让我立刻给母亲打电话，让她马上到学校来。我拿起话筒，流畅地拨通了母亲办公室的电话。"老师叫你马上来一趟。"我毫不在意地说。"为什么?"母亲问。"逃学!"直到现在我还惊讶，我怎么会那么理直气壮地说出那个不光彩的词。电话那头一阵沉默。"我马上就来。"母亲艰难地挤出几个字。

北京的冬天是寒冷的，尤其是起风的时候。一个小时过去了，当母亲从校长办公室出来时，我已在外面冻得直哆嗦了。母亲走到我跟前，盯着我的眼睛，我打了一个寒颤，母亲眼中透出的失望的眼神，比冰还冷。她的脸红红的，不知是冻的，还是憋的；脸部僵硬的肌肉，牵动着她未老先衰的皮肤，干裂的嘴唇间发出一串涩涩的声音："去上课吧，好好听老师的话……"

也许是风太大，母亲的声音微微颤抖；也许是天太冷，母亲的话显得有气无力。

她慢慢转过身，就在那一瞬间，我仿佛看见什么东西在她通红的脸庞上闪了一下。母亲太虚弱了，风吹得她单薄的身子有些摇摆。渐渐的，她艰难地、蹒跚地移出了高大的校门。地上，就在母亲刚才站的地方，留下了一滴圆圆的泪痕。我愣住了，不知所措。母亲流泪了，因为我的无知；母亲流泪了，泪水中寄托着多少对我的期望。从此，我变了，我发誓不再让母亲为我流泪。

初三，老师们渐渐淡忘了这位办公室的"常客"，母亲的泪没再掉过，我也进入了班内前十名。"母亲节"那天，我为母亲在花店精心挑选了一束暖黄色的康乃馨，中间夹了一张小小的卡片，上面郑重地写着："妈妈，我爱您，您的眼泪鼓舞了我。现在，我想告诉您，您的泪没有白流，您对我的期望，不会被辜负。"

晚上，当我将这束花捧到她面前时，母亲的声音再次颤抖了，我分辨不出她在说什么。母亲激动的泪花夺眶而出，模糊了她那苍老的双眸。这次我和母亲之间不再有严冬的寒冷和狂风的怒号，有的只是春的暖意与花的芳香……

■赏 析

本文以饱满的激情写了母亲两次流泪的故事，不事张扬，却在朴素的文笔中流露出了对母亲深深的热爱。

那伤心的泪，高兴的泪，触动着"我"的心弦，叫"我"在母爱中不断汲取生命的养分，叫"我"周身布满"春的暖意与花的芳香"。

母亲，你的儿子已经读懂了你的泪水；

母亲，"我"将永生永世牢记那晶莹的期待晶莹的希冀……

■ 家

>> 周　娟

漂泊本是我们的旅程，等到了归期，便会有一个美丽的家园。

　　家中的孩子总是向往立脚点家外的世界，咿哑学语的孩子就会在母亲怀中挣扎着，含糊不清地说：外，外……刚学会走路，就会扶着墙根，蹒跚地走到门口，好奇地触摸门外的一切。再大的孩子便整天要往外跑，不等日落西山，肚子发出抗议决不回家。回到家中，满面生灰是理所当然的，当母亲拍拍换下的衣服，搞不好便会乒乒掉下一堆小玩意，什么石头啦，瓶盖啦，脏兮兮的糖纸啦……应有尽有。

　　外面的世界很精彩。于是，家便显得无聊。家是什么？家是饭前要洗手，饭后要洗脸；家是看书不能到 11 点；家是精彩的电视剧看了一半，就被拎着耳朵上床；家是考试成绩不好时，不知审判结果如何的心惊肉跳。

　　于是孩子想着离家，盼着离家，迫不及待地要离家。虽然在真的离家时，心中也会泛起一丝依恋，一丝不舍，但这很快就被外界的新奇的事物冲淡了。

　　离家的时候久了，才会想起原来家也是那么温馨。看书累得腰酸背痛时，便会想起家中那软软的背垫，软软的小床；肚子饿得咕咕叫时，便会想起家中摆满香喷喷的饭菜的小方桌。当满腹牢骚时，不会再有人静静地听我大吼；当刮起大风时，不会再有人千叮咛万嘱咐地叫多穿衣服；当早晨起来，天气阴沉时，不会再有人在床边，抚弄额头，端茶送水。

于是，家信便写得多了，于是，中秋的月亮就亮得很大很圆，于是孩子的梦中便多了那一轮满月，于是孩子最盼望的事成了回家……

■ 赏 析

在文学创作中，有一类是表现自我展示个人精神世界的作品。它必须从特殊的视角进行构思，来反映这一特殊阶段的自我世界。这篇抒情短章，作者给我们展示的正是一位花季少女对"家"所作的内涵相当丰富的理解。文章前半部分写出了"在家"的孩子对外面精彩世界的神往，文章后半部分则突出了"离家"在外的孩子对家庭温馨的那份依恋。这前后对立的矛盾的情怀，正是作者在对社会与人生的思索中所形成的独特体验。

我们说，家庭的温馨是一种心灵体验，一种氛围，是抽象的难以描述的东西，本文作者却把它写得具体形象。这是因为作者摄取了一组最常见的事物的生活细节，唤起了读者的生活体验，因而也更为动人。

母亲的姓名

>> 王建国

母亲慈祥的姓名上，飘满了晨起的烟雾。母亲动人的姓名上，积满了子女甚至父亲的泪水。母亲美丽的姓名，就像那把曾梳理她少女梦、洞房情的梳子。

时常给家里写信，总是习惯在信封上收件人的位置写上父亲的姓名，以至天长日久，把母亲的姓名给淡漠了。前一段时间，父亲出远门，当我写完家信在信封上有些陌生地写上母亲的姓名时，忽然，我的心一阵颤动。呀！母亲的姓名好美好美。听心理学家说过，当一位青年男子看见漂亮的年轻女子时，瞳孔会放大，此时信封上母亲的姓名对于我来说，就似一位年轻漂亮的女子，轻盈地向我走来。

记忆，从心的深处层层浮起，我有些潮湿的目光，离开了这张书写过无数回父亲姓名的信封。母亲年轻过，也美丽过。

母亲慈祥的姓名上，飘满了晨起的烟雾。她常用双手轻轻向脑后捋一捋沾满露珠的鬈发，走到我的小床前，弯下腰一声接一声深情地唤我；她常伫立在家门口，迎着晨风，一句句千篇一律地叮咛我；她常一次又一次焦急地来到巷口，踮起脚跟，望断天涯地祈盼我回家。

母亲动人的姓名上，积满了子女甚至父亲的泪水。无论是怨还是悔，无论是喜还是乐，那酸甜苦辣的泪花，都别无选择地落在母亲博大宽容的姓名上。如果，泪水是苦的，它就会浸疼母亲的心；如果，泪水是甜的，它就能滋润母亲的心。

母亲勤劳的姓名上，铺满了厚厚的霜一般的目光。在灯芯捻到最小的油灯下，母亲的手仍在一片舒畅的鼾声中忙碌着；那一声声震荡夜空的钟声似乎在催促着她与时间赛跑。也许，酣睡声，是她平生最爱听的乐曲。做也做不完的家务事，就像永远也纳不完的鞋底线，悠悠长长。她从不去丈量线的里程，只知一门心思地披着月色编织。

母亲美丽的姓名，就像那把曾梳理她少女梦、洞房情的梳子。自从我们稚嫩的背影牵引走母亲的视线开始，梳子就被束之高阁了。那寄托着外祖父母良苦用心的姓名被大家淡忘了，母亲只顾百般柔情地梳理儿女黑油油的发丝。

甚至，母亲善良的姓名上，还印着父亲充血的指痕。岁月的艰辛，道路的坎坷，父亲的心在手掌举起与落下之间，就释然了。而母亲却只能捂着痛处，在对未来的憧憬之中将其忘却。

我把湿漉漉的视线从冥想中缓缓收回，捏紧笔管，打定主意，以后每封信的信封上，我都要写上母亲的姓名，用一声声绿色的呼唤，拂去母亲姓名上的尘埃；用一声声绿色的呼唤，唤回母亲埋藏于心底的青春。

■ 赏 析

眼前有那么多熟悉而陌生的姓名，而唯有母亲的姓名"好美好美"。因为这姓名之中蕴含了多少慈祥的微笑、温暖的声音和怨悔的泪水，从母亲的姓名里，作者似乎看到了母亲辛劳的背影，听到了母亲殷殷的叮咛，读懂了母亲刚毅而又抑郁的眼神……作者以"绿色的呼唤"作尾，更迸发了作者的赤子之情、游子之心。一曲动情的爱的奉献——那是博大而宽容的母亲，那是永远割舍不断的亲情。

是呵，母亲的姓名好美好美。

■ 爸爸不在家的日子

>> 王 琳

温馨是种人情味，总在心中悄悄弥漫开感动和开心，你可知否？

爸爸不在家的日子，总有些不习惯，家中一下子变得空荡荡的。没有平时的那些热闹，也没有平日里生活的规律，更没有让我休息的精神驿站。

厨房里，堆着一日三餐的碗筷，油腻腻的，把整个水池占得满满的。妈妈虽然回来陪我吃晚饭，可饭桌上静得出奇，没有一丝家庭的气氛，我的食欲也随之下降。我叹口气，拖着无力的腿走进厨房，去刷那堆攒了一天的脏碗。

客厅里，妈妈正在无休止地打着电话。我自己对着电视看那原本滑稽的动画片。没有人陪我逗趣，没有人和我一起哈哈大笑，Tom猫和Jerry鼠的追逐变得毫无趣味，彩色的屏幕变成了灰白色，我无奈地关掉了电视。

书房里，我站在高高的书架前，望着满满一柜子的书，有些茫茫然了，耳边没有人打趣："哟，装什么小学究，别拿出深沉的样儿啦，小大学生！"还真有些不习惯。一时拿不准看哪一本，也没有人在后面指点，帮我选择。

卧室里，我打开台灯，一头栽在床上，躺着看书。淡黄色的灯光使书上的字变得有些模糊，我的脸往书前凑了凑，耳边突然响起爸爸的唠叨:"小心近视!""睡前别看书,听听广播! 你的眼睛不要了?"我猛一抬头,屋子里却没有爸爸的身影。唉,是幻觉。

爸爸不在家的日子,心中少了许多东西,多了几丝无聊。这也许是"严母慈父"家庭的通病。心中盼望爸爸早日回来,虽然他刚走了几天,可我却有些小小的失落,觉得这日子过得太平淡,太乏味。

爸爸不在家的日子,是这样难过!

■ 赏 析

文章篇幅虽不长,却充满了生活的气息。作者在本不大的家庭空间里选取了厨房、客厅、书房、卧室四个点,通过实写与虚写相结合的手法,道尽了爸爸不在家时,自己的无聊和失落。

读罢全文,那温馨的父女之情使人如沐春风。更妙的是,作者选取"爸爸不在家"的时候写,既强化了父女之情,又有反弹琵琶之妙!

一路珍重

■ 点一盏灯

>> 刘 墉

为什么子女爱父母，似乎总不如父母爱子女多呢？因为他们对父母的牺牲与奉献，远不及父母所给予的。同样的道理，哪个父母不是对子女做了万般的牺牲与奉献？而子女有几人在青少年时，就大大地回馈父母？当然那奉献愈多的人愈会付出爱！所以，这世上不是被爱得愈多的人，愈懂得回报爱，反而爱得愈多的人，愈会加深她去爱！直到有一天：他自己做了父母，才知道来自前人的爱有多么伟大。

今夜，我为你点亮门灯。因为实在太晚了！

我知道那盏小小的门灯，不可能照亮你漆黑的路，但是我不由得将它点亮，告诉你在家中有着许多悬念的心。

是的！那是许多颗悬念的心，大家装作若无其事的样子，看电视、聊天，但是每个人的心都在门外，每个人的眼睛都情不自禁地向门口睐。

直到你的脚步声，在前门台阶上出现，那许多颗悬着的心，才放了下来。

你说打电话时家里正占线，因为歌剧团等着你伴奏，所以没再拨；练完则急着赶车，心想不久就能到家，便也省了。

这番话听来似乎有道理，问题是，你有没有想到亲人的悬念，可不是只悬念一下，就不再悬念了。那是一直地挂念，且愈念愈焦，愈悬愈高的。这许多颗心，竟不值得你多拨几次电话吗？

其实我不应该苛责你，因为那是许多年轻人都犯的毛病、他们只顾自己玩，很少会想到以父母的心来思想，"己所不欲，勿施于人"，对于孩子来说，他们还不是父母，所以没有所谓的"己所不欲"，也便难免将这些牵挂的痛苦施之于父母。

记得我在你的年岁，每次读到孝经或论语中"身体发肤，受之父母，不敢毁伤"和"父母在，不远游，游必有方"都心想孔子说得有点过分，父母是父母，子女是子女，大家是独立的个体，也当然有自主权。

但是今天，再看到这两句话，感觉就不同了，我坚信：当孔子说的时候，他必然已经有了孩子，因为只有自己经常看到子女受伤的痛苦，以及对出门在外的孩子的悬念之后，才可能说出这样的话。

为什么子女爱父母，似乎总不如父母爱子女多呢？因为他们对父母的牺牲与奉献，远不及父母所给予的。

同样的道理，哪个父母不是对子女做了万般的牺牲与奉献？而子女有几人在青少年时，就大大地回馈父母？当然那奉献愈多的人愈会付出爱！

所以，这世上不是被爱得愈多的人，愈懂得回报爱，反而爱得愈多的人，愈会加深她去爱！直到有一天：

他自己做了父母，才知道来自前人的爱有多么伟大。

所以，今夜我点亮了门灯，希望当你在漆黑的夜色，和寒冷的北风中归来时，能远远看见家门前一盏灯，你敢说当你看到这晕黄的灯光时，没有一股温馨从心底升起吗？

我相信，当有一天你独自生活，路过今天这样的路。走到自己漆黑的阶前时，必然会怀念我的这一盏灯。

而后你结婚，寒夜归来，看见门灯正亮，便在心里高兴地说；

看！我的妻为我点亮了灯，她在等我呢！

而后，你有了孩子，长到可以深夜未归，你更会为他点上门前的灯！

于是，你终于深深地体验到：

每一盏门灯后，都有一颗，甚至许多颗悬念的心！

■ 赏 析

有人说：这世界是用爱垒筑成的。爱是一切生命赖以生存的基础。是呵，心中常常装着友情、亲情和爱情，你生命的那盏灯就不会倏然熄灭，而会愈烧愈旺……

学会关心，学会体贴，学会仰起头来，看看自家门前的那盏灯，把爱珍藏于心底，用真情迎接真情。只有这样，这世间才会情意浓浓，这世界才会晶莹剔透……

朋友，你会不会为你挂念的人"点亮一盏灯"呢？

■井 绳

>> 喊 雷

大雪覆盖了山，封冻了河。看不着蓝天，见不到红日。人们的脸色都被雪打得苍白，心也是苍白的。

从我所在的单位回家，要路过甜水井。甜水井井水清冽甘甜，远近闻名。

那年冬季的一天，我路过井台，想喝几口井水。走到井旁，见一位大嫂正对着辘轳发愣。

她说刚才没把井绳系牢，不慎把一只打水的桶掉在井里了。

我说我也曾遇上这种事。只有把井绳拴在一个人腰上吊下井去，才能把水桶捞上来。我还说我可以帮帮她。

她问："怎么帮？"

我说："你把我吊下井去。"

她说："不成。你这么大的个头，往上吊时，我担心搬不动辘轳。"

我问："你说该咋办？"

她说："让我下井。你在上面搬辘轳。"

这主意不错。不一会儿，她果然把那只水桶捞上来。接着我帮她拴牢井绳并打满一担水，然后掬起一捧水，喝了个够。

待我抬起头来时，见她正拿起扁担，朝我腼腆地笑着说了一声

"谢谢"，就要挑水回去。

我说："你大半身的衣裳都湿透了。顶着风回去会着凉的。你穿上我这件大衣吧。"

"不成。你还要穿着它上路呢。"

"我蹬自行车，热了，正要把大衣脱下来呢。你就穿上它吧。"

"可我怎么还给你呢？"

"明天早晨六点半钟，我回单位上班，会准时从这里经过。你在这里等一等，不就还给我了？"

她点了点头，接过大衣穿上，挑着水走了。

我跨上自行车，还见她回过头来向我挥手。

次日一大早，她果然准时在这路边等我，把叠得整整齐齐的大衣还给了我。我发现她还把大衣上脱落了的钮扣给补上了。

当我穿上大衣时，她又一次腼腆地笑着说了一声"谢谢"。

此后不久——那个冬季还没过去，我再次路过甜水井。

远远就看见一群人在井台旁边逗留。

走到跟前，见雪地里侧卧着一具女尸。

知情人告诉我：这女人前些日子与人私通。有一天，天刚蒙蒙亮，有人看见她候在这井台边，把一件大衣递给了一位过路的男人。一些人说，那件大衣是野男人夜间丢遗在她房中的；也有人说是她送给那野男人的定情物。她的丈夫、公婆和族长几次在祠堂里拷问，她都不肯招认。今天早晨，村里有人来挑水，见井绳掉下井了。直到辘轳把井绳吊上来时，人们才发现这女人用井绳结套自尽了。

我问为什么她家里不来收尸？

回答说：照这里的族规乡俗，凡是不守妇道的人寻死之后，尸体要示众三天，才准入殓。

鹅毛雪越下越大。

围观的村人三三两两地离开了井台。

鹅毛雪越下越大。

井台旁最终只剩下了我一人。

我抬头看了看灰蒙蒙的天，埋头看了看白茫茫的地，一边擦着眼泪，一边脱下穿在我身上的那件大衣，严严实实地盖在大嫂的尸体上，然后才一步一回头地推着自行车离去。

■ 赏 析

一段纯洁的友情被突然扯断了。它是被世俗偏执的目光所埋藏的，它是被几千年封建伦理道德的余孽所扼杀的。一根粗粗的井绳之上，系着两颗洁白的心灵，一件御寒的大衣之下，连着割舍不断的温馨。但作者最终还是给我们制造了一个悲剧。他用另一条无形的井绳，捆绑了所有的美德，夺走了人类本真的个性。

井绳啊，井绳！

真正的施主

>> 袁小虎

为什么流浪，为什么选择流浪？我的梦想在远方。我流转无常的人生，在远方。

我所在的这个边远的山村学校，食堂的伙食糟透了，菜谱不是白菜萝卜就是萝卜白菜。而我的身体很糟，必须进补以增加营养。于是，我经常到学校旁边的一个小村庄里去买鸡蛋。

卖主是个年过花甲的老太太，她叫我说个价。我便定了5角钱一个，其实，我暗中提高了5分钱，我们家乡那边4角5分要多少买多少。我看到这老人可怜，没儿没女，只靠自己养的几只母鸡来养活自己，于是我每只鸡蛋多出5分钱，并暗下决心，作为一项长期扶贫工程扶下去，现在不是提倡要一帮一齐心协力搞好扶贫工程吗？这老太太可怜，我就做一个小施主吧！

奇怪的是老太太既不讨价，也不还价，这桩长期的买卖就这么定了。

买过一段时间，我觉得这老太婆实在可怜，便单方面又提高了5分钱，成为一个鸡蛋5角5分。这回老太太做声了，坚持不肯提价，但我坚持要单方面提价，僵持了很久，老太太终于接受了。

终于有一天，我的平衡的善心被打破了。那天，我照旧去老太太那里买蛋，正碰上一个蛋贩子在跟老太太讲价。蛋贩子出6角一只的价要把她的蛋全收走。老太太不肯，蛋贩子说，这个价够可以了，山里都是这个价。老太太说，不是因为这个价，而是这些蛋要卖给那位瘦老师，人家那么远到我们这里教书，又那么瘦，我希望他胖起来，在这个小学里长期呆下去，孩子们需要他。

我顿时懵了，原以为自己是个长年的施主，想不到真正的施主倒是老太太……

■ 赏 析

要知道，爱是相通的。当你无私地把爱情洒在这个"小村庄"的时候，爱便发芽了。

在"老太太"那儿，作者真正体会到了爱的伟大，从"5分钱"的差价里，透射出两颗纯净的心灵，这是被爱滋养着的心灵！而在"我"面前，"老太太"的爱又显得多么朴素，多么意味深远，"她"才是"真正的施主"！这个"可怜"的老人，有一种如此善良的品质，为了保留一颗爱心，竟无私奉献了另一颗爱心。

人间处处都是爱。

不信？你听，到处都是爱的声音！

■ 永远的箫声

>> 凌鼎年

一份爱是一个冗长的故事，而我们的爱会是一首歌，常唱常新，又是一幅画，越看越美，更是一首诗，越诵越深。

月色淡淡，星光淡淡，所谓月朦胧鸟朦胧的时候——一个很美的夜晚。更美的是，河对岸又传来了委婉动人的箫声，箫声缓缓地传来，听得出，今晚的吹箫人心境很平和，吹得从容不迫，吹得抒情而轻快，那箫声因了河水的滋润，愈发有一种沁人心脾的感染力。

何箫箫放下了手中的书，听得如醉如痴。这吹箫人是何许人呢？

她转弯抹角问过多人，所有的回答都没能使她满意，或者说所有的回答都没能明确告诉她吹箫人是男是女，是老是少。

也许是个像《红楼梦》中黛玉那样的女子吧；或许是个残疾人，其他缺陷了，箫声美得使人忘了缺陷；也许是个退休的老人，借箫寄情，打发那长长的寂寞；也许，不，应该是个年轻人，要不，哪能吹得如此美妙，如此震颤心弦？

这吹箫人也真奇怪，每到天一擦黑，那箫声就从河对岸不请自来，几乎从没间隔。那箫声既不哀怨。也不热烈，好像只是在倾诉什么。何箫箫不敢说自己是知音，不敢说自己从箫声中听懂了什么，但她感受到似乎吹箫者在传达心中的一种秘密。

倘若哪一晚对岸的箫声无缘无故沉默了，何箫箫会觉得怅然若失。失什么，她也说不大清。

难道自己喜欢上了吹箫人？不会吧，连面也没见过，何许样人也不知道，喜欢又从何说起呢。只是何箫箫不止一次在箫声里描绘过勾勒过吹箫人的模样。在何箫箫的想象中，这位吹箫人一定很痴情很古典，一定有很深的文化底子……

后来，想一睹吹箫人的真容成了何箫箫心里的一个结。有几次，黄昏后，她有意无意地沿着河边走向远处的大桥，当她到了对岸，循着箫声找呵找呵，终于找到那幢楼时，她又没有勇气上去，生怕惊破了一个美丽的梦，于是，又慢慢地回到了河的这边。

再后来，她出国留学了，她离开了河边，离开了家乡。她，再也听不到那低沉而悠扬的箫声了。远在异国他乡的她，耳畔常常回响起那熟悉的箫声。箫声，成了她永远的回忆。

何箫箫甚至想，仅仅为了这萦绕于心头的萧声，学成后也要回到祖国，回到家乡。

■ 赏 析

萧，这种民族乐器，最具中国特色了。如果知道《史记·夏本纪》中便记有"箫韶九成，凤凰来仪"。便会知道这种乐器是如何之古老；如果知道箫也叫"羌笛"，便会想起唐诗中的多少佳句；如果知道吹箫又叫"品箫"，便会知道其地位如何高贵典雅——古人有"丝不如竹"之说，丝者弦乐，竹者管乐，而箫为竹之首……

作者选择箫声维系故国情，也是最具中国特色了。因为再没有比这箫声更能传达出中国悠久历史的深厚底蕴，古老文化的丰富内涵，以及中华民族的骨肉情长了——"如此震颤心弦"，也许还能用勾魂摄魄来形容，难道只在于吹箫人的演奏技艺如何超群，萧声如何感染人吗？其实，萧声总关情，情在萧声外。萧声里那历史那文化那情意以及与此相连的千丝万缕，便扯不烂割不断，溶入血管，总会梦绕魂牵，而成为永远。永远的萧声，永远的牵挂，永远的思念，皆因血往心中流，故国在心中啊。

这就是为什么海外游子总难忘故国情，虽然未必有"萦绕于心头的萧声"，却或许是胡琴声、小胡同里的叫卖声……又或许不是什么声，而是国画中的一抹山水、记忆中的一句诗词，就会唤起中华儿女"不如归去"的思乡情。

■ 由巴罗的格言想到的

>> 徐婷婷

站在现实的门槛上，重温过去的友情，一如昔日春光，最能温暖冬日的心灵……

第一次读巴罗的这句格言，大约是在初中，十三四岁的年纪。随着一天天地长大，懂的事也越来越多，童言无忌的时光过去了，在和别人的交往中，总觉得对方在和自己周旋客套，总觉得自己缺少一个忠实的朋友。

这时候，巴罗出现了："一个爱书的人，他必定不会缺少一个忠实的朋友、一个良好的导师、一个可爱的伙伴、一个优婉的安慰者。"

既然有了书便有了伙伴良师，我欣喜若狂——还要朋友做什么！于是我心平气和地抛下难以沟通的同学，准备"躲进小楼成一统"去也。

以后的几年，我一直是形只影单，每每看到成双成对的同学，总是试图用这句话安慰自己，可总是收效甚微。于是决定走出小楼，听从那句老话"将心比心"，交一个推心置腹的朋友。

徐坐在我前面，也是个爱读书的女孩儿，我们每天一起上操，一起吃饭，中午一起去阅览室。一开始心灵的门只是露出一点小小的缝隙，可时间一长，一点点真情真意便得到了热情的回应。我在书上读到过"丛牙子期"的故事，可那时心灵微微的悸动远远不如得到一个活生生的朋友这般激动兴奋！

我懂得了真情的可贵，也找到了比书更重要的东西。现在想来，又有多少和我一样的迷惘少年，看了这句或与之类似的格言而一头埋进书本，决心一辈子与书为友、与人封闭呢？

这就是巴罗这句话的不当之处。对于涉世未深、单纯无知的人来说，读了这句话，它那一连串排比句所营造出的汹汹气势总会给人一种"有了书便有了一切"的感觉。

其实，生活，真实的生活，充满喜怒哀乐的生活，要比呆板的书本鲜活得多。书籍的确可以使我们变得更明智、更成熟，但有血有肉的朋友，嬉笑怒骂的感情却是书里所没有的。

我常想，如果把巴罗的话稍微改一改，把"必定不会缺少一个忠实的朋友"改为"一定会增加一个忠实的朋友"，那么效果是不是会好得多？

■ 赏 析

巴罗先生的格言触动了作者敏锐的神经，在自己历经对社会生活的诸多体会之后，作者以批评的眼光，指出了巴罗格言的不当之处，找到了"比书更重要的东西"——真情。

是啊，人生在世，怎能只会与书为伴，大千世界，芸芸众生，没有一个推心置腹的朋友，岂不是形只影单，孤寂难奈？

敢快投身于真心的活生生的世界，用真正去交换真情，为自己营造一方湛蓝的天空吧！

■ 考 试

>> 梁 巧

*记住，当你为一件事左右不定时，请为他人着想，因为这是上帝对你
的一次考试。*

她披着雨衣，在雨中穿行。她嘴里叨念着今天面试要说的台词，
眼睛不经意地望着前方。雨大了，她下意识地紧了雨衣，本来已经
蹬得很快的脚加了把力，自行车已经到了速度的巅峰。她有点担心，
但为了赶时间，勉强地把这点担心强压进心底。为了工作，她有点
不顾一切。

然而，担心的事情还是发生了，尽管她极不愿意，她的车还是
撞倒了一个年届五十的中年男人。那男的躺在地上，身上沾满了泥
浆，痛苦地呻吟着。她惊慌失措，跳下车，站在那里。但她马上想
到了今天的面试，要求不能迟到，不然会被取消资格。她不愿放弃
这个绝佳的机会，她想逃。但耳边那呻吟声像一只满是伤痕的手，
紧紧地拉住了她，她不能走。她没辙了，呆在原地，不知是走还是
留。空气开始凝固，僵硬的气氛压得人不得喘息。她与卧在地上的
伤者构成了一幅极不谐调的画面。

这是上帝对人心的一次考试。

她的思想开始激烈地斗争，善良的天使在她的右耳说："你是善
良的，快扶他起来。"而自私的恶魔在她的左耳细语："走吧，工作

要紧。"她心中的天平不能平衡，但她真正善良的本性把一个沉重的砝码放在了右边，她决定扶那男的起来。她边道歉边扶起那个男的，丢下自行车，也丢下工作，送那男的进了医院……

当她办妥了一切事情，急匆匆地赶向面试的地点时，那里已经没有人了。她心灰意冷了。可是上天是眷顾她的，在她猛然回头时，发现有一张紧急通知，上面的内容几乎快让她蹦上天，上面说主办人出了点事，面试延迟到三天后。她高兴地向医院飞奔。

她在这次考试中得了满分，上帝送了她一个令人意想不到的礼物。

三天后，当她满怀信心再次来到面试地点，惊讶地发现主办人竟是被自己撞倒的中年男人。她不禁暗叹自己的幸运，也为当时的正确抉择而庆幸。当然，她顺利地通过了面试。

记住，当你为一件事左右不定时，请为他人着想，因为这是上帝对你的一次考试。

■ 赏析

这是上帝对人的一次考试，也是生活对人心的一次测试！

爱是人类永恒的话题。也正是在这爱中，主人公的形象在逐渐放大，"善良的天使"最终战胜了"自私的恶魔"。

而上帝更是垂青那些乐于奉献爱心的人，最终还是"送了她一个令人意想不到的礼物"。

只要心中有爱，你就会永远拥有正确的抉择。

■ 爱的考核

>> 张玉庭

我们身边走动着一群陌生的熟人，还有一群熟悉的陌生人。

南方一家幼儿园公开招聘园长，由于待遇极优厚，一时间报名者众多，其中甚至包括专攻幼儿心理的女研究生和多名早已有了职业和稳定收入的女大学生，但经过考试，最终被录取的却不是他们；而是一个扎着小辫儿的文静姑娘——她叫雯雯。

请看最后一轮面试吧！面试试场在二楼，楼梯拐角处有个脏兮兮的小男孩儿，拖着鼻涕，正站在那泪汪汪地等着什么。当众多的应聘者穿过长长的楼梯去面试时，只有雯雯一个停了下来，她不仅掏出手帕给孩子擦了擦鼻涕，还亲切地说了一句："小弟弟别哭，是不是找不着妈妈了？别哭，等我一会儿，姐姐去去就来，带你找妈妈！"

请再注意后来的情节：面试之后，众多的应聘者都匆匆下楼，视若无睹，惟有雯雯把脏兮兮的小男孩抱了起来。那么亲切地哄他，那么认真地给他唱歌，那么投入地给他讲故事——而这一切，被早已架设好的录像机全都录了下来！

天！考生们谁也没有发现，这个小男孩儿，原来是幼儿园方面专门安排的！

自然，当园长宣布被录用者是雯雯并播放了刚才的录像时，所有的报考者都羞愧地低下了头——她们显然已恍然大悟，自己被淘汰乃是一种必然！因为她们尽管知识渊博修养深厚，却恰恰缺少了一种叫做"爱"的东西。

■ 赏 析

爱是内在的，最炽热的感情。它和你的"知识渊博修养深厚"没有多大联系。爱是心灵深层的呼唤，它透着温情、微笑，透着最纯洁、最无私的奉献。

把爱轻轻播撒向世界的每一个角落，爱也会悄悄回到你的身边。

人间最真是关爱，以爱回报社会，回报人类，你会发现，原来自己也被爱深深包围……

又是秋风起

>> 梁占杰

当残冬仅剩下最后苍凉的时刻，我的血液中涌动起一股温热撩人的春潮。

那天天气很冷，时节已到了深秋。

午饭开始还没多久，一位同学就跑来说，我父亲送粮来了，听了心中陡然一沉，悄悄放下饭碗，向教室后的大路走去。

我来到这所市属学校还不到四个月，然而我的心情却日渐沉重。这里的学生，大多都有一个很好的背景，或是官家公子，或是城里千金。优越的条件，使他们常常自诩自傲，有时说笑起来，总要寻些农民的愚昧作为谈资，那种蔑视的眼光，戏谑的口气，常常使我不寒而栗。父亲原说要给我送粮，我一想到同学看见形容枯槁的父亲和吱吱嘎嘎的破车时的灼人的眼光，便拒绝了，虽然我每月都必须往返家里带些粮来。

然而父亲还是来了。

转过屋角，便看见了立在牛车旁的父亲。穿的，还是那件荡满尘土的露絮的破袄；戴的，还是那顶洗得发白的歪檐的帽子；那头老牛，也许是饥了，直往路旁的冬青丛上凑。父亲一边频频勒顿缰绳，一边发出耕田时那样的大声斥骂，惹得许多路过的同学都抿着嘴笑。我硬着头皮过去，让父亲赶快把牛车赶到面粉厂院里，因为路那边正临着我班的女生寝室，时不时还有同学进出。

"我不是说要自己带嘛？"我边卸粮边嘟囔。

"天冷了，往后带着不方便，还得来回跑着耽误功课。干脆一下拉来省事儿。"

卸完粮扭过头来，父亲已把牛卸下套，开始喂料了，看来父亲是要在这儿吃饭了，虽然此时食堂还在卖饭，然而……

"大（父亲），没饭了。"我搔着头，脸上好热。

"嗯……"父亲正掏饲料的手停了一下，"那……那也不碍，等会儿到街上买点儿妥了。"

在我的记忆里，父亲很少在外买东西吃的，每次出村办事儿，即便赤日炎炎的中午，也要忍饥赶回。这一次，他舍不舍得花钱呢？

"啥时候动身走的？"为了打破尴尬，我没话找话说。

"8点哩。这牛车慢，晃了半天……"

"8点？"我想8点时的寒冷，"那起码5点就起了吗？"

"可不是！要不是昨个儿你娘和俺把粮食装好，怕还要更晚哩。"一阵风过，父亲裹了裹棉袄。

父亲是最怕冷的。

说话间，已喂了牲口。父亲拍拍手站起来，微倾着身子，从怀里摸出一只破钱包，取出30元，在粗糙的指间摩了摩，递给我说："天冷了，你娘身子不好，眼也花得不中用了，不再给你做棉袄，你就照城里人的样儿买件儿算了。"

无意间顺眼瞟去，大吃一惊，那钱包里已经空无一文。同时，我极为分明地听见父亲肚里的咕噜声声，我霎时明白：父亲，他，又要挨饿了……

一种负罪感袭过心头，鼻子酸酸的，泪水模糊了双眼。我那苍白的虚荣，此时已完全荡去，久抑的农家父子的感情却在**此刻骤然**

涨满胸怀。我忍住泪，对正要套车的父亲说："大，您等会儿……"转过身，飞快地转向食堂。

转过屋角，秋风扬起几片枯黄的落叶，飘落在我的身上；身后又传来我家老牛一声深沉悠长的哞叫。顿时，我的泪，如泉水般涌出，扑扑簌簌，滴落在脚下……

■ 赏 析

面对父亲，"我"该是多么的愧疚啊！

曾经因为虚伪而责难父亲，曾经因为别人的炫耀而自暴自弃，可站在父亲面前，看着他穿的"那件荡满尘土的露絮的破袄"，知道他为了儿子的学业，清晨 5 点起床为自己送粮，为省钱外出总忍饥赶回，将省下的钱全给了自己。——"一种负罪感袭过心头"，"我"于自责中醒悟，于自责中一遍又一遍记起父亲的背影……

朴实中显生动，平淡处见真情。

■ 一群鹅和一辆公共汽车

>> 胖　胖

是啊，生活是这样的美好，人生不但有爱，可以感觉的东西很多很多……

公共汽车驶过乡间，我突然见到农庄前院一群蓝灰色的鹅，看来正兴奋地冲向公路。

公共汽车风驰电掣地驶过，司机按了三下喇叭，这时鹅群纷纷扑翼嘎嘎叫，表示热烈欢迎。

我问司机："这些鹅是在等你吗？"

是的，他说，"每天早晨它们都在那儿，我对它们按喇叭，它们向我叫，这样，我整天都会很开心。"

我也开心，既然一群鹅和一辆公共汽车也能彼此愉快地沟通感情，世界就有希望了。

■ 赏 析

世间万物皆有情。

上帝在创造人的时候，就不留神把情撒播到大地，于是大地泛绿，万物峥嵘，繁衍生息，天下太平。

假设万物之间缺乏情之交融，试想，我们的世界又该是个什么样子呢？

相互理解，相互宽容，相互依靠，相互扶持……让亲情、友情、爱情浇筹成人间美景。

既然"一群鹅和一辆公共汽车"之间都可以"沟通感情"，更何况我们人类之间呢？

■ 好大一个花篮

>> 季 灵

死，不尽然可悲，不尽然可怕。最重要的，是我们怎么去看它！

晚上 10 点许，南国的钟经理降落在北方一座历史名城——C 市，下榻在黄花苑宾馆。此次北上，钟经理不是为了买卖，而是为了结一桩夙愿。

黄花苑宾馆是 C 市一家最高档的涉外宾馆，每个房间每晚最低消费 1800 元。在灯影流彩，空间适度、芬芳迷魂的卧室里，高贵的客人可以尽情地享受全方位的服务，使你如梦如幻，神魂失据，如临仙界一般。

翌日晨，钟经理早早起来，洗漱完毕，就下得楼来，向服务台打问道路。所有的人都摇头作不知状。

反正时间尚早，钟经理便在花园似的宾馆大院里遛了起来。忽然发现后面有一个很小的院子，就从半开着的铁栅门侧身而过。院内杂草丛生，花木稀稀拉拉。在只一个栅栏墙之隔的豪华气派的宾馆映衬下，这院落更显得凄凉荒芜。钟经理沿着荒草中一条青石铺成的小径前行，便进入一片松树林，林中隐现出一座土山，山上还立着一个小亭子。钟经理登上土山，来到了亭子下。这亭子的油漆虽早已剥落殆尽，但可使人想像出她新造成时的风采。亭子下竖着一块大石碑，碑上的字倒还可以看得分明。钟经理站在石碑前，只见碑的上方是两行醒目的大字：孔雀台阻击战阵亡将士纪念碑。下面密密麻麻的小字，是阵亡将士的名单。当钟经理念到"钟良"二字时，他的目光一下子僵住了……

钟经理跪在石碑前，跪了很长时间……

第二天，在那个破旧的亭子下，那块巨大的石碑前，出现了一个很大的花篮。不久，C市市委市政府收到了一份巨额汇款单，汇款人姓名写的是：孔雀台阻击战全体阵亡将士……

■ 赏 析

我不知道作者创作《好大一个花篮》时出于什么样的契机和触动，跨越历史的时空，与现实撞击出深层思维的火花。但我知道，作者住的那座北方历史名城，有多处不同时期遗留下来的英烈纪念碑，如北伐军将士、二七大罢工志士和解放这座城市时牺牲的解放军烈士等纪念碑。先驱者的英魂在城市上空萦绕，默默地注视着子孙后代的精神变迁。就在北伐军阵亡将士纪念碑的附近，矗立起一座座富丽堂皇的餐馆。我猜想，作者肯定去过那些个地方，只不过没有"神魂失据"，而是沿着小径去寻找不该失落的精神栖息地，从巨大的反差中寻找属于作家的感慨。

我们的作家长期扮演着社会良知的角色，这就需要对社会生活保持着敏锐的触觉和洞察力。面对着物质的繁盛和精神的荒芜（对于先烈纪念碑，竟然所有的人都摇头作不知状），我们能沉默下去吗，想当年鲁迅先生笔下，先烈启蒙者夏瑜的坟头尚且摆上了一束花环，而现在的"好大一个花篮"，仅仅是出自作家的想象吗？

■ 英雄行动

>> 周　剑

原来并非所有的错误都会留下遗憾，有时候将错就错也能错出一段美丽。

临近中考的那一段日子，同学们全部折磨得青面赤眼，早就没了少年意气风发，青春蓬勃的形象。经我提议，大家伙儿决定搞一次野游，以调节紧张的神经。我的建议得到全票通过。

那天清晨，我们很早就在校门口集合，等着乘车前往大青山脚下。我那天的背包尤其重，那里面不仅有我自己的干粮，还有全班同学聚餐用的午餐肉罐头。一路上，有的同学提出要替我分担一些重量，我谢绝了他们的好意。

从大青山脚下到老爷庙，有两条路。一条是平路，它沿山间的小路蜿蜒而行，约用两个小时可达老爷庙。另一条路是山路，它攀缘在山岩峭壁之间，约用一个多小时可达老爷庙。老师要求大家一致行动，不要分散。

但不知怎的，我那天尤其有一股冲动，想攀山而行，先众人抵达目的地，好让他们称赞我的英雄本色。行前，我曾试图拉上几个同学与我同行，结果一个都没拉成。最后，我只好一个人上了路，这更增加了我的悲壮感。

攀了不久的山路，我来到一处峭壁，脚底一滑，差点儿滚下山去，吓得我出了一身冷汗，也吓醒了我的英雄梦。我决计不再攀山，还是顺平路而行，赶上大伙。但我又不甘心绕原道折回，在众目睽睽之下，最后一个人抵达老爷庙，接受大家的嘲笑。

我按照大致的方位翻山越岭寻找那条通向老爷庙的平路，最终找到了那条平路，可惜是在一个三叉路口。我犹豫了片刻，踏上了一条自认为是正确有路线，疾步前行。

可惜我选择一条错路，因为它越走越窄。我决定爬上一座最高的山峰，期望在那里能够望见老爷庙。但当我气喘吁吁、颤颤巍巍地爬上那座山峤地，眼前出现的却是一片群山。我登时瘫坐在一块岩石上，半天没有能爬起来。至此，我已是精疲力竭，心里感到阵阵发麻。

我仰望天空，望见那蓝蓝的天空白云飘，可那白云飘下的我在哪儿呢？我问苍天。

在接着翻越了几座山头后，我终于确信自己是迷路了。我开始埋怨自己这么糊涂，丢人现眼。在此之前，我还从未做过一件违反班纪律的事情，今天做了这么一回，就捅了个大漏子。更糟的是，我还带着全班同学中午食用的午餐肉呐，他们吃不上肉，该怎么怪我呵！

我不敢想象这一切的后果。

我来到一条小溪旁坐下，把手插进水流中，感到丝丝凉意。我打量了一下自己，鞋上沾满了泥土，右边裤脚划破了一个大口子。我开始担心，这深山老林中会不会出没什么虎狼熊豹的，万一找不到众人，今晚，我岂不要与它们相伴到天明？

我简直不敢再想下去了。

正在这时，我遥见远方有一群羊在移动，我想那附近一定会有人的，于是使尽最后的力气冲向那群羊，生怕它们会消失。

没多久，我见到了放羊人，上气不接下气地问他："请问这里离老庙有多远？"

"两个来小时的路程吧。"那放羊人答道。

我听后大失所望，怔怔地望着，接着又问："那从这里出山要用多久？"

"也要两个来小时吧。"那放羊人面无表情地说。

我彻底泄气了，心想现在再去老爷庙已经没有意义了，不如出山算了。于是，我请放羊人给我指明了道路，千恩万谢地踏上了归途。

我这次的选择是正确的，因为待我快出山时，太阳已经挂在西山头了。

没多久，我就听见有人在大声喊叫我。寻声望去，我看到山顶上有3个男生正在向我招手，我大声地回应着他们，庆幸自己总算归了队。当他们见到我时，生气地告诉我说，全班同学自中午以后都在分头找我，不光男生在找我，女生也在三五成群地找……

听到这里，我心中犹如嚼蜡一般地难受。我感到真是有愧于同学们，特别是那些女生，我与她们同窗三年，平时绝少说话，此时却要她们四处大声喊叫着我的名字。

我感到大脑一片空白。

不久，班主任老师也出现了，我以为他一定会向我大发雷霆的。不想他望着我这副狼狈的样子，只是深深地叹了一口气说："唉，总算找到你了，没出什么事就好，咱们赶紧回去吧。"

我连忙将午餐肉罐头拿出来交给老师，他接过来掂了掂又还给我，苦笑着说："还是拿回去补一补你的腿伤吧。"

就这样，我那次冲动没有当成英雄，反而成了狗熊，给同学的分手惜别留下了永久的笑料。

■赏析

一次"英雄行动",险些把自己送进虎口,但"我"还是要把自己说成是"英雄",因为,我毕竟开始独立地选择着我的道路,尽管这道路崎岖难走,尽管"我"因此没有品尝到胜利的醇酒,但我终于第一次敢于战胜自我,并勇敢地射出自己的双脚……

当然,这"英雄行动"还应属于"我"的那些同学和老师们,他们深情的呼唤让我感悟到集体的温暖,感悟到人间最最真切的情谊。

人约黄昏

■ 一个天方夜谭

>> 刘　墉

爱情里的所谓信任，有时候，是无可奈何地接受自己看不见的一切。

失踪一晚的男人向女朋友解释：

"我给一个外星人抓去了，而且和他睡了一晚。"

哪一个女人会相信？

然而，一个男人对第三者说："我和我太太虽然睡在同一张床上，但我已经很久没碰她了。"第三者却竟然会相信他。

这不是跟被外星人抓去一样不可信吗？但痴情的第三者偏偏相信她的男人即使与另一个女人同床，也会对她忠心。

旁观者提醒她："他们天天睡在一起，怎可能没有发生关系？"

她坚决为她的男人辩护："他答应过我的。"

支持她相信一个天方夜谭的故事的，只是一个承诺。

她那么信任他，他又会不会相信她虽然跟一个男人同床，却是清白的？没有一个男人会相信，但是，女人清白的机会的确比男人高。没有爱情，女人绝对可以强硬冷漠地拒绝一切亲热的行为。没有爱情的男人，始终也还是一个男人，天天睡在太太身畔，为了不惹起她怀疑，他必须定期交货。

女人午夜梦回的时候，也许会自嘲："我怎可能相信他？"

然而，除了相信，又可以怎样？

　　爱情里的所谓信任，有时候，是无可奈何地接受自己看不见的一切。

■ 赏 析

　　解读爱情，解读一个男人和一个女人。你也许会发现，"信任"二字在他们之间显得多么的单薄。男人的一句"承诺"，会换回一个女人的一片忠心，相反，女人的一句"承诺"，却不会打动任何一个男人。这难道就是现代爱情观的真实诠释？

　　谁都想构筑一个美仑美奂的爱情天地，那么，就拿出你对爱执著的行动去换取对方的信任吧，因为，有时候，行动比承诺更为真实，更为重要！

■ 爱情是一种偏见

>> 魏剑美

初恋是生命的诗篇中最传神的一句。这一笔写败了，此后无论如何浓墨重彩都掩盖不了一种缺憾。

世界上仅有两种行为只需要勇气而无须理由，一是守财奴对于金钱的追求，另是有情人对于真爱的痴迷。

理想中的爱情是艳丽的玫瑰，而现实则是花下的利刺。

通往爱情的道路可以有千万条，但终结爱情的方法却只有一种——自私。

即便是极其短暂的相爱，也是生命的荒漠中盛开的花朵。

真正的爱情不是一块可用以装饰的佩玉，而如《圣经》所言，是心灵上深深的烙印。

关于婚姻，有一句流传很广的妙语：人们是因为误解才结婚，是因为了解而离婚。但我要说：人们是因为结婚才误解——以为从此不必尊重对方和善待爱情；是因为离婚才了解——终于明白失去的原来最好的！

爱情的萌发并不需要很多理由，而只需要一个借口。

未经恋爱的女孩常常两眼望天。

幸好她们没有翅膀。

爱情只是一棵树木。

痛苦和欢欣都是它自主自落的果实。

即便生命业已终止，爱情仍可以以另外的方式延伸。

不要相信童话中的爱情，那种完美无暇、一尘不染在世俗世界里几乎是不存在的。然而，既然生命本身是千疮百孔的，我们又有什么理由期待那种超凡脱俗的美丽呢？那种美丽只有藏在我们心中，没有人知晓，也无需人知晓。

爱情正如阳光，背对它时，你面对一片阴影；而真正直面时，你又会感到眼花头晕。

没有爱过的心灵，一如没有果实的枝头，总给人一种歉收的遗憾。

爱情的尴尬之处在于，你爱我的时候我不爱你，而我找你的时候你已走了。

人们对爱的评价通常有两种，传统注重其结果，新潮强调其过程。只因此，戏剧常编造"有情人终成眷属"的佳话，而流行歌手却大唱"只要曾经爱过"。

爱情是一种假设，而婚姻则是对它的求证。

不幸的是，求证常常是对假设的否定。

确切地说，爱情是一种偏见。

心灵的天空一旦有爱情的鸟儿飞过，便到处都是翅膀的痕迹。

只有爱，可以使低微者高贵，贫寒者富有，甚至，垂死者复生。

爱，是一个男人所能献给女人的最高的敬意。富于悲剧意味的是，这份敬意许多的时候不是被误送就是被拒收。

初恋是生命的诗篇中最传神的一句。这一笔写败了，此后无论如何浓墨重彩都掩盖不了一种缺憾。

选择一个便放弃了其他的全部，除了恋爱者谁还会乐于干这种傻事呢？

真爱也如河蚌口里的明珠。

那是身遭多次磨难而依然无悔时才可能产生的奇迹!

■ 赏 析

爱情是一种偏见。恋爱中的人常以为自己的情人完美无缺,婚姻中的人常以为自己的爱人瑕疵遍布,离了婚的人却常发现曾经的伴侣才是最佳的。

爱情是一种偏见。它的萌发不需要理由,生长不受牵绊,结束也不需要过多的解释。虚幻的爱情即使浪漫美丽,也只是一场戏剧,会被人轻易忘记;真正的爱情纵然远去,依旧在心灵上留下了"深深的烙印"。

爱情是一种偏见。面对着同一朵娇美的玫瑰,你有你的感想,我有我的情意。然而,相同的是,真爱是"身遭多次磨难而依然无悔时才可能产生的奇迹!"

■ 笛声里的爱情

周　鹏

我们可以爱屋及乌，当然也可以恨屋及乌，但屋终究是屋，乌终究是乌，它们之间永远也不能划上等号。

一所高校的黄昏，她经过男生宿舍楼前，楼上突然有笛声响起：一串灵动的音符飞扬而出，如行云流水，回肠荡气。她不禁驻足。

之后，她义无返顾地踏着他笛子的节拍，走进了他的生活。

男才女貌，他们成了校园里引人注目的一对。可不久，她由于说不清的原因，结束了这份感情。

另一个同样美丽的黄昏，她信步经过男生宿舍楼前，那熟悉的笛声忽地响起，她倏然顿悟：当初令她心动的，仅仅是这笛声。

人类对某些事物的感情，常不由自主地受到与之相关联的事物所左右。我们可以爱屋及乌，当然也可以恨屋及乌，但屋终究是屋，乌终究是乌，它们之间永远也不能划上等号。

■ 赏析

"屋终究是屋，乌终究是乌"，这不是绕口令。这是作者从"笛声里的爱情"之中领悟出的关于爱的真谛。

爱情是心的融合是情感的交汇，它需要彼此拥有并彼此珍惜，仅仅靠对"某些事物的感情"，某些外在的美丽而陷入爱情的罗网，那只能怪你粗心大意。

选择爱情，不仅要欣赏那"行云流水"的"笛声"，更应该仔细审视"笛声"后面的那一颗心……

■ 连心之锁

>> 何　蔚

不能同死，但能同在！不能相聚，但能相爱！不能今生今世，但能无阻无碍！

没有人知道第一对将痴心高悬于空谷的情侣姓甚名谁。在雾气弥漫的峰巅，一把黄铜锁和另一把黄铜锁，锁定了三生姻缘。我有理由相信，那或许是旧时的两个薄命恋人，因为爱而双双私奔，又因为无处栖身而不得不相拥着坠下深渊，在绝命之前，两把牵肠连心的锁，便是他们留给茫茫人间的惟一消息。

两把锁，它们最初的意义很可能是用作凭吊他们为人在世时的一段真情，很可能是为了告诉他们各自的亲人，无论生还是死，他们的心都会紧紧相依相连，从此不再分开。

不知是在哪一天，一位怀才不遇的行吟诗人最先发现并认识了那锁，他将那锁命名为连心锁，因为就在仰面一瞥之际，他亲眼目睹了两颗痛苦的心，两颗绝望的、破碎的、流血的心。琴弦似的铁索上，两颗心随风而颤，瑟瑟有声。它们本来是以悲剧特征横空出世的啊！然而若千年后，它们却以幸福和谐的弦外之音启示了越来越多的尾随者。直到有一天，成百上千把仿效的锁纷纷张扬于寒索之上，招来与锁相关的商事和铜臭，致使这一沉重无比的生命仪式逐步演变成一种轻松自如的情感游戏。

　　面对如此众多的铜锁和铁锁，我想到的依然是旧时的两个薄命恋人，他们仿佛就是我和我梦中的妻子。为爱而粉身碎骨的，是风华正茂的多汁之躯；为情而羁留尘世的，是长歌当哭的受伤之心。屐痕芳踪已随曲终人散，香车宝马只为天国神游。我惋叹于他们最终以类似舞蹈的美姿完成了短暂的青春之旅，感佩于他们不惜用血肉相加的风采结成了黄泉下永远的眷属。他们孤高倨傲的魂灵始终金属般坚定地相吻在天风海雨中，使山色壮美，使雾雨雄浑，使松涛凝重。这是多么感天地泣鬼神的爱情绝唱啊！

　　传说不久以前，一对新婚夫妇趁蜜月旅行来到这里，他们和别的年轻伴侣一样满怀对爱情的膜拜和对明天的憧憬，将两把锁连缀着挂在春天的风中。事实上，就在他们离去后的第二天，卖锁的人便将锁撬开配上新的钥匙卖给了另一对游客。日复一日，用来连心的锁一次次沦为娼妓。更重要的是，一年以后，这对新婚夫妇的姻缘便现出了裂缝，他们终于在又一个明媚的春天里各奔东西。

　　原来，一把锁和另一把锁，它们根本连不住两颗肉质的心啊！因此我一直在思考，那些叮当作响的锁怎么会是真正的连心锁呢？它们不过是一些小小的商品而已，不过是一引起动人的诺言而已，不过是一些美好的宿愿而已。而我只能相信，在这个世界上，惟有最初那对蒙难的中国铜锁，才是真正的连心之锁。

　　那么，如果有一天，我和我深爱的人来到这迷雾的峰巅，我想，与其将似曾相识的铁锁高悬于空谷，还不如垂首仁立于岩石之上，向那遥远得看不见的圣锁默默致敬、鞠躬，然后，用和我生命对等的真情，去攀连我爱人的心。

■ 赏 析

连心之锁瑟瑟作声，诉说着那个苍凉凄美的故事，印证着忠贞不渝的经典爱情，颤动着"幸福和谐的弦外之音"。

追随者被他们的痴情打动，以同样的方式表白了"对爱情的膜拜和对明天的憧憬。"然而，真正坚固的爱情不仅仅需要形式，更要有深情的守护。

花前月下的卿卿我我也许只是一场游戏，黄昏雨里的海誓山盟也许会随风飘散。那么，张扬于寒索之上的"连心之锁"又怎能连住两颗肉质的心？

懂得深爱的你，不必去仿效别人，请用和你生命对等的真情，去攀连你爱人的心。

■ 情人卡

>> 孙成全

夕阳跌落时，你站在蒙蒙细雨中，折一枝绿柳挥舞，恬静而又洒脱。你的眼睛写意着万种柔情，你如瀑的长发宛若一条优雅绵软的锦纱，飘扬着我丝丝缕缕的遐想。纵然星星遥远了许多痴情，你高雅的神韵依旧牵着我瘦弱的思维，踩着我们曾经重叠过的草尖的晶莹，去寻觅那段动人的故事。

A

在思念的夜晚，我的歌化作无数颗闪烁着希望的心星。

或许远方的梦已经遥远，或许遥远的梦不再香甜。你是否还记得，千百个黄昏里的那一个黄昏？一方芳草茵茵的草地，晚风轻弹我们并行的足音，我捧着梦幻情涛的思念，带着情窦初开时羞答答的醉意，在你野罂粟般的火红的脸上，让嘴唇触碰到你第一次心跳。

夜醉了，星星的呓语静静地吮吸着那个甜甜的美丽的回忆。

我把记忆藏在枕边，固执的心，依然在那片无望的土地上播种着期待。

我想收回被柔长的雨丝抽打着的相思，但已不能自已。

B

十字街头，伞和伞紧紧相吻。夕阳跌落时，你站在蒙蒙细雨中，折一枝绿柳挥舞，恬静而又洒脱。你的眼睛写意着万种柔情，你如瀑的长发宛若一条优雅绵软的锦纱，飘扬着我丝丝缕缕的遐想。纵然星星遥远了许多痴情，你高雅的神韵依旧牵着我瘦弱的思维，踩着我们曾经重叠过的草尖的晶莹，去寻觅那段动人的故事。

C

当所有的百合花在一个无独有偶的秋日里凋落，随着你如约而至的步履，谢落为兼葭苍苍。黄昏雨将芭蕉打成美丽的偈语，霜花悄悄染红了枫叶。那些日子，我所有的诗都是同一个标题：《给你》。在本该发生些什么的秋夜，我却数起了星星。于是，我在苦苦的期待中，延长着对你的追寻。

■ 赏 析

百合花已经随着你的步履凋落了，黄昏雨也已和着你的心跳悄然远去。我每一次不由自主的回眸，都看到了同一幅画面：十字街头，伞和伞紧紧相吻。烟雨蒙蒙的日子里，你不曾忆起过我们共同拥有的点点滴滴吗？

今夜，想你的我寂寞地数着星星。你的身姿与神韵星一样闪烁不定，牵引着我的眼睛，也牵引着我的心灵。"那个甜甜的美丽的回忆"再次走入我的梦境。

我守望着繁星，守望着你的归来。"我在苦苦的期待中，长着对你的追寻"……

■ 写给朋友

>> 阿 明

从一个季节到另一个季节的转变，你的天空会储存多少阴霾，你的脸上会写下多少疲惫。我的快乐只是那昙花，片刻的夺目哪能融化你所有的冷漠。

朋友，我这样轻声呼唤你的时候，你已经是一粒被春燕衔落的种子，不知不觉地生长在我的心里。

很多个夜晚这样走过：一杯浓茶，一盏小灯，一方夜色，连同一颗游荡的心。很多种心绪在这里涌动，一次次地表述我们从相识到相知的过程。而那时，朋友，你一定在甜睡中做着美梦，嘴角尚挂着一丝甜甜的微笑，不知道在某个角落的一盏小灯下，一个忧伤的女孩儿一夜无眠。

春天的夜晚温和而寂寞，四处飘动着挥之不去的忧郁。在春天的温和夜色中，我想象着秋冬的阳光，秋冬的阳光下你锁眉读它的景象，但你读不懂它的全部。在我的生命里，没有四季的轮回，只有这时起时落的心绪像一张晴雨表预示着季节的来临。

晴天的时候，想和你去散步，慢慢地走上几年，到我们曾经有约的山间别墅。雪天的时候，想和你挤在窗前，看飞舞的雪花怎样把世界装扮得一片圣洁，看那年的最后一个冬夜，那个充满柔情的女人怎样忧伤地走在结满冰凌的马路上。可是朋友，我这样想的时候，你只是一个影子，一个我一生既不能拥有又不能失去的影子。当我在生活中磨灭了激情，消尽了青春的颜色，你只有隐藏，在我心灵深处，在无尽的怅惘中，释放我们动人的情怀。

朋友，你是我心灵的依托。你可以不伟岸，但你一定要有一颗善良宽容的心灵，包容我的任性与世人的过错；你可以不显赫，但你应该有足够的胆量证明你生于天地间的不凡。无论时空怎样转变，世事怎样无常，你不要让我有一丝一毫的失望与疑惑。在我孤独无助的时候，有你温柔的手掌在我的左右，给我片刻的依靠与抚慰。这样，你就是我为之付出生命的渴望与追寻。

没有一个不眠之夜不这样走过，钟表的滴答声在寂寞中沉重地敲打我的心弦，飘逝的心绪连同茶杯上方缕缕热气，随风袅袅而去。推开窗，一轮弯月爬向我的头顶，深情地与我对望。幽远的天幕下，我看见你莫测的目光在那里闪动，你缥缈的背影正在远去，夜空中回荡起的依旧是那支深沉的老歌：雾里看花，水中望月，谁能分辨这变幻莫测的世界，谁能把握这摇曳多姿的季节。

想象中秋冬的阳光那样冰冷，朋友熟悉的笑脸变得陌生和遥远。从一个季节到另一个季节的转变，你的天空会储存多少阴霾，你的脸上会写下多少疲惫。我的快乐只是那昙花，片刻的夺目哪能融化你所有的冷漠。我是一个坚强而伤感的女孩儿，在你面前，我的坚强如故，只是在你视线不及的地方，我难以负重的心弦常常急剧地战栗。

朋友，你的眼睛，你的微笑，你的温婉的话语是我快乐的根本。所有的日子都已远去，但曾有过的真实我会小心地保存，永记不忘。

■ 赏 析

今夜，我在这盏昏暗的小灯下写着思念你的文字。浓茶的雾气袅袅飞升，你的形象模糊而又清晰。

朋友，你知道吗？无数个夜晚，我的心湖都有想你的波浪涌动，淹没了我浅浅的心岸。我幻想着你能从梦中走出，温柔的牵起我的手，我们一起去"山间的别墅"，看"飞舞的雪花"。我不用再伪装成坚强的女子，而可以靠在你的怀中幸福的哭泣。

我的眼睛穿过浓雾，穿过层层的迷障，寻找着你的心，寻找着"曾经的真实"。

朋友，你是否已感应到了我猛烈的心跳？你是"我为之渴望与追寻"的"心灵的依托"啊！

梦里花落知多少

>> 柯云飞

夜晚下了场春雨，我于梦中惊醒后听到了淅淅沥沥的雨声，想象着多少生命将从此又再度年轻，人却是不能——选择只能一次性，人的生命也只有一次，这是无奈的悲哀。

樱花盛开的季节，我把一封厚厚的航空信投入邮筒，独自站在大楼的角落里目送邮车载着我的心事一点一点消失……胸中积聚而来的伤感顷刻之间化作眼泪夺眶而出。也许这样的结局是早在预料中的？只是为了多一份美好多一些快乐而迟迟不肯面对现实，不料却带来了更加难能忘却的忧愁？是不是当初我们该以另一种关系相处？

我没有办法回答这一切的一切。

你不漂亮，但很有生气，是一个生命力十分旺盛的人，至少给我的最先印象是如此。那时，你是另一所大学的留学生。说着不动听也不特别的汉语。在朋友的生日晚会上，你春风满面地走向我，说你来自韩国，家里有个小弟弟，马上要回国服兵役……我笑了，为你的"自作多情"，为你的直率，也为你没有城府的笑容，于是我们跳舞。临分手时，我的手心里被塞进了一张小纸条，里面是你的电话号码。

本来想这也无所谓，打个电话什么的刚好可以解解闷儿，所以我告诉你我有过真正的感情故事我不想再走进去至少不想太快陷进去而不能自拔，你撅起了嘴摇摇头：小姑娘一个，不要如此消极啦……

一直到送你回国，我仍然是快快乐乐地仿佛也没有太多的留恋，只在最后瞬间机械地叮嘱一句：给我来信。

其实那段日子是常常在写信收信中度过的，你也只是其中之一。春天到了，在信封里夹一朵迎春花之类的，考虑到你的汉语水平，常常不得不使用一些英语单词；而你的来信越来越频繁，照例是邮票给了我的同桌，信是大家传阅，偶尔还有人圈出一两个错别字。大约有两个月没有你的信了，心里正在打着一串的问号，你的电话到了。"对不起，我军训时受了点伤，住进了医院……右手臂的问题……已经差不多好了……不要担忧……"我举着听筒，不知道要说什么，我在为你担忧吗？

之后，你总是说我并不合适于我的专业，叫我多锻炼身体，特别是你在信中多次强调你很喜欢我。难道在向我表白什么？我心中掠过一丝不安的喜悦……当这些女儿情长的内容溜进书信里，它们便再也不可能与人分享了，只能在夜晚一个人钻进蚊帐戴起耳机，伴随着小提琴细细的旋律再细细地阅读从海那边寄来的深情。

可是，越接近毕业越害怕面对相反的选择，你的父母来看过我，我能够感觉出那份发自内心的关怀和疼爱——顺这一条路走下去，我会过一种自己向往过的宁静的生活，这一种幸运是我以前所不曾有过的；同时，我没有理由要你放弃主妇在家相夫教子和你的那些女同学一样——这是我不能忍受的，是一种不幸。

幸福到底是什么呢？我对着窗外苍老的梧桐发愣。昨天我答应了一家公司的要求，决定去这家刚处于创业阶段的旅行社——我在信里恳求你原谅我。

夜晚下了场春雨，我于梦中惊醒后听到了淅淅沥沥的雨声，想象着多少生命将从此又再度年轻，人却是不能——选择只能一次性，人的生命也只有一次，这是无奈的悲哀——不知此时，有雨的夜里，远方的人是否也一样无法入眠？

■ 赏析

一种朦朦胧胧的爱袭击着"我"，在这种情感的纠缠面前，"我"显得多么身单力薄。是化做一只白鸽投入你的怀抱？还是选择属于"我"自己的幸福，珍藏起这一段美好的记忆呢？

"我"最终还是选择了后者，"我"有"我"的幸福方式，正像你也有你自主的选择。"人的生命只有一次"，所以说，"我"必须好好把握。

你温暖的怀是我向往的港湾

>> 李　娜

　　既然，爱的本身就是捉摸不定的，那么，面对爱的人就要多一分耐心和勇气。不然有一天，你要用一瞬间转身离开的脚步，用一生的时间去忘记遗憾。

　　晗子，看完你的信，我的心是那么平静，一种从未爱过的平静，平静是多么幸福的一种感觉呵！这个世界上还有人在关心我，我还值得活下去。起码有个人真心诚意地希望我活下去。我来到这里已经半年多了。这是半年来我接到的第一封信。我把它揣在内衣口袋里。我要让它日日夜夜在我身旁，在这里我总算有个伴儿了。室外在下雨，窗外老柳树那被雨水冲洗得油亮亮的枝条，枝条已经绿了，露出了小小的鹅黄色的嫩芽。多少年了，不是春天忘记了我，就是我忘记了春天，今天我们终于又相遇了。

　　看了你的信，晗子，前几年的一些事就像小时候看的那些老影片一样，一幕幕出现在脑海里，既温暖，又亲切，同时又那么遥远。那时候我多傻呀，总是捉弄你，总觉得你给我写的那些纸条有点滑稽……可惜那些纸条一张也没留下。我这个人呐，总是该珍惜的不懂得珍惜，等到知道它的价值了，早就失去得一干二净了。

　　晗子，这些事你还都记着。连我嘲弄你的那些画你都珍藏着。你说你一直觉得你配不上我，实际上一开始我就配不上你。你更懂得什么宝贵，什么值得珍惜。而我，直到现在才好像明白了些什么。

晗子，你说你要来看我，过些日子再来吧。我现在把自己弄得很不像样子。我要振作一下精神，我会漂亮起来的，像从前一样。我本来不在乎自己是个什么样子的，可是现在我在乎了。我不希望你感到我很丑……

这里还算过得去。同伴们她们还算挺和气的。今天我向她们要笔和纸写信，很快就拿给我了。晗子，你说得对，只要我们肯留意，关心我们的人实际上并不少。

一切能从新开始，真好！真令人激动！晗子，我真想亲亲你！真想让你拥紧我，让我漂泊的心靠在你温暖的怀中，晗子，你会给我这样一个美丽如梦的时刻吗？

■ 赏 析

三月的风轻拂着嫩嫩的柳枝，轻拂着"我"平静的心。你心灵的鸿雁自远方飞来，衔来你的关怀你的痴爱，"我"有了崭新的心情。

回想从前，我们在一起时的快乐情景，"我"不禁乐出了声。但细细回味，又不觉伤感。人啊，总是在失去之后才知道珍惜！然而，"我"已决定：从现在起，做一个值得你爱的女孩。

"我"不想再漂流，"我"想把寂寞的心靠在"你温暖的怀中"，做一场永不醒来的甜梦……

我仍然用心爱着你

>> 吴天江

错过的机缘也许没有办法弥补，但是只要经历过，男孩会把年轻的冲动和不断的思念剪成片片风，让它吹进心底，永远典藏。

很久以来，我一直纳闷。当初，我给你的情书洋洋洒洒，充满感情，而你的回信则是如同公函，措词简短得当，不冷也不热。我一直不明白，你为什么常常会突如其来、莫名其妙地闷闷不乐；我问你缘故，你却躲躲闪闪，不愿回答。我一直奇怪，你总是找借口拒绝我的一切邀请，即使你答应了我，态度也是极其勉强的。如果要举例的话，还可以写上许多。

你应该记得青春怀着悸动的爱，当一颗心在胸膛内怦然跳动的时候，你步履潇洒地走进我的心灵。你炯炯有神的大眼睛，使我流连忘返。我不会忘记，我俩依偎在公园的那棵白玉兰树下，窃窃私语，说不尽的柔情，述不完的蜜意。你说："我这一辈子永远只爱你。因为你是个温柔体贴，善解人心的女孩。"夜静悄悄，我们四目相对，默默无言，无需再说一句话，无需再有一种表示，彼此间的心灵沟通了。

我们相爱了，爱得那么深，爱得那么无私。有形的，无形的，有声的，无声的，无不时刻在我俩的心灵间进行悄悄的对话。

有一次，我无意间看到你脸上闪过一丝哀愁，仿佛有什么难言的苦衷。我追问，你闪烁其辞，独自扭头落泪。从那以后，你变了，变得和从前的你判若两人，简直难以辨认，难以理解了。

今天，我才知道你的变化的原因，解开了我心中的疑团。

我想，在爱情上，只要两人心心相印，并且这种爱中毫无世俗的成分，这就够了。你我都是人，谁都有过错的时候。此时此刻的你，是多么需要得到我的理解啊，我想说，往事如流水，过去的就让它过去吧。我从心里向你呼唤，向你起誓：我仍然全身心地爱着你。尽管我知道你我之间已不可能回到从前，可我的心，却因你的出现，才会永远向着美丽的方向走去。

■ 赏 析

甜蜜的日子一去不回了，"我"只能一次又一次的回忆你温馨的话语。很久以来，"我"都在因你的改变而困惑。你潇洒的步履呢？你"炯炯有神的大眼睛"呢？你的心呢？

今天，当"我"得知原因后，最想说给你的是：只要你我心心相印，又何必在乎过错？

"我"的理解，是否会点亮你爱情的灯？"我"的表白，能否找回美丽的曾经？"我"的呼唤，能否唤回你远行的心灵？

■ 别离红豆

>> 张青梅

有过承诺的爱，总比未有过承诺的爱凄美。一旦要追讨，承诺已变得太遥远了。

轻轻地，我离开你，为了那颗红豆，为了你可能将它暂且珍藏！

就在短短的相处中，从你的眼睛，我读出了你的诚挚；从你无言的关心和爱护，我听到了你的心曲。我是一个内心孤寂的女孩，一个对身外事物很敏感的女孩。我看透了你的心，你的心中分明有一颗红豆呵！

我感激你，虽然你尚未坦白地将红豆呈现给我，但我知道，我已经拥有了你的爱；我也很兴奋，因为是你爱我。可我要离开你，悄悄地，在你不知不觉中。

离别时，我不能对你挥一挥手，不能向你道一声："珍重！"我只能带走你不易觉察的苦涩，我只能用疲倦的双眸看你一眼。请你原谅我的匆忙，原谅我的缄默。我本是一个浪迹天涯的流浪者，旅途的艰辛无边无涯，旅途中应做的事情堆积太多，我的那颗几经磨砺的心呵，它有时无力于一切，请别责怪我近似无情的举动！

我曾经想放弃笔耕，做一个平平庸庸的女孩，抛弃任性、热情和开朗奔放以及调皮的本性，做一个永远默然的女孩，让世人忘却我的存在。可就在你微笑时，我发觉有不尽的孤独，难耐的静寂无可比拟的恐惧，一直萦绕在我的周围，所以当我从你爱的微笑中跳出，回到世人中时，内心依旧冷漠。

我知道你的心思，我也有与你一样的欢喜，但我不能不离开你。

请答应我，别扰乱我静寂的心灵，请原谅我，不得不避过你的热情。我说过我本是四处流浪的，没有可供我停靠的码头，只能孤单一人飘泊不定，所以那颗红豆我不能接受，因为我还未到该熟的季节。我现在只要安安静静地生活，只要平平淡淡地燃烧我十八岁的红烛，因此，请不要扰乱我。

但你的爱将在我的心中留驻，陪伴我的寂寞与孤独。如果，你珍惜这段情感，那么你就把那颗红豆珍藏；如果我们在几年后能够一起忆起，那么我会与你共同拥有它。别难过，你是一个富有爱心的男孩，只是现在不该拿出那颗红豆，所以我不得不离开你，但愿我们有再见的时候！

再见了，你！在清晨的薄雾里，我只身踏上了远去的列车。你可知道，我一直在为你祝福：泪眼中有你永远的微笑！

再见了，你！还有那颗红豆！

■ 赏 析

当你知道"我"远行的时候，你是否会痛心不已？男孩，请原谅"我的匆忙，我的缄默!"

"我"并不是一块拒绝融化的冰。你"心中的红豆"曾把"我"冰冷的心温热，你"眼中的诚挚"曾把"我"的忧伤驱走。然而，"我不能不离开你"啊！

"我"是流浪的歌者。"我静寂的心灵"不能停泊在你的微笑之中，而要继续在青春的海上漂泊。

如果你愿意，请把红豆珍藏，守望我的归来；如果你愿意，请将红豆抛弃，将思念"我"的心化枯萎……

■ 爱情的别名

>> 爱 莉

有人说，夏日里最后一朵玫瑰会造就一个诗人。而这年夏天的最后一朵玫瑰，却造就了一个疯子。

如果要给爱情起一个别名，你要选择什么？在一次聚会上，我问了 21 个女孩，有 20 个说，用自己恋人的名字。只有一个还不知道什么叫恋爱的女孩，小声地说：玫瑰吧！

她叫陈迪，曾是我的学生，学写诗。

可是不久前，我碰见了她，她已不认识我了，她走在街上，茫然地微笑。她疯了，因为失恋。

她一到晚上就唱歌。夜半歌声！她才 23 岁。我不知道她的心灵关了哪扇窗，又错开了哪扇门？她有自己的语言，对夜说，很抒情，也没有泪水，但，谁听了，都叹息。

她妈妈说，她发疯的前一天晚上，一个人关在房间里画了很多玫瑰，日记里重复这么一句话：爱情，你真的是一种奢侈吗？

第二天早晨，她的男友送她一朵玫瑰，并在卡片上附了一句话：分手了，让玫瑰在你的手上凋谢。

这是夏天的最后一朵玫瑰。

就在这一天，陈迪披头散发地跑出家门，大声叫着，要寻找蜜蜂和蝴蝶，在她错乱的脑海里，还记得这两种小生灵会带她去看看花园，荒芜的。

可是，一缕花香能引导一个心碎的女孩走多远？最后一朵玫瑰，从6楼扔下。陈迪大笑。一种失落的样子。她看得清清楚楚。然后什么都不认识了，包括她曾刻骨铭心的爱情。

有人说，夏日里最后一朵玫瑰会造就一个诗人。而这年夏天的最后一朵玫瑰，却造就了一个疯子。

她叫陈迪，一个女孩。一个写了很多爱情诗的女孩。一个曾经说，爱情的别名叫玫瑰的女孩。

■ 赏 析

把爱情从幻想的高度拉下来，从你精心营造的温馨的氛围里拉出来，你会看到，爱情原本并不是"玫瑰"，它有那么多的瑕斑，它甚至已经千疮百孔。

那么，为什么你还痴迷于那种高度之上的幻觉？醉心于脱离现实的虚构呢？

既然爱的"玫瑰"已经"凋谢"，那又何苦要找回它的浪漫和美丽呢？要知道，在爱情的后花园里，还有那么多永不凋谢的玫瑰，你又为何只迷恋于手中的这一朵呢？

把它扔掉，从诗歌的季节返回，重新找回一个真实的自己！

■ 情爱语丝

>> 张爱毕

婚姻，使男人沦为账房先生，女人沦为管家婆。在计算和絮叨中，流失的不仅是生命，还有对幸福的感觉。

爱情也是一束日光，是一种太阳游戏。当它移出属于你的区域后，别人温暖了，你心凉了，对于世界来说，这是公平的。真正担负情感走路的人，一般来说就没能力装假，装假也是个累活，得放下感情的担子才能有精力装假。

自省，是男女之间的桥。来到桥头的女人是为了跨越，来到桥头的男人，是为了回返。

人类自身有一部分是与自然界为敌的。比如：人差不多都害怕一种或几种动物，女人尤甚。夏娃以此对上帝表示永不和解。而男人则好得多，出了伊甸园不久，亚当就原谅上帝了。

情人需要你的是什么？是激情爆发式。缠绵的永远，在男人眼里是随时可被拿出的小玩艺。在男人燃起一支烟的时候，女人开始了对火花形状的回忆。

婚姻，使男人沦为账房先生，女人沦为管家婆。在计算和絮叨中，流失的不仅是生命，还有对幸福的感觉。

我曾说过：

"我们同样轻飘，所以我们才有机会在空中相遇。"

所谓"扎实",不是女人的专利。

上帝给了女人生殖能力的同时,也取消了她们的自由。女人的痛苦来自月亮,太阳出现的时候,女人便怨恨终身。

男女之间从来不存在什么"退而求其次"的问题——情人不成退到朋友,朋友不成退到同志,所有关系几乎都是一次性占位。

没有什么事情比失恋更能提高人对于痛苦的消化能力。人们对待失恋的态度有些不公平,就像教师的待遇在这个时代的不公平一样。

心里有爱的时候,你会觉得这个世界没有缺欠:爱一旦消失,世界也变得千疮百孔。

■ 赏 析

一段富有哲理的关于爱的"语丝",以丰富的想象、优美的语言,给我们展现了一个关于爱的独特世界。

爱河之上,清且涟矣;爱河之上,变幻叵测矣。这里是缠绵、甜美的梦园,这里也是泪水和蜜语的收购站。在爱的旅途之中,不要虚幻,更不要抱怨。共同营造爱的城堡,携起手来,接受爱最真切的体验。

■ 柳

>> 董传德

爱情如不断生长中的花，你不能强迫它永远璀璨的开，就算是一生一切都痴恋的一对恋人，他们也不能一直，就仅得一种滋味。

这间屋原也空着。柳来借，房东便借了。

柳一向不化妆，素面示人，一身白衣服，颇庄肃。下班回来，也不与人交往，见人点点头，淡淡的。闲下来就在阳台上西望天边，眸子中那两汪光泽会长久长久地闪烁，此时的她会沉浸在一种不可名状的幸福、激动之中。稍后，柳便凝神独坐，呆呆默默想心事，眼神有些空茫。日落，她便缓缓地非常疲惫地离去。再就闭了门，蒙上了帘。无声无息。柳就在这种固定而单调的模式里迎送一个又一个日子。

柳这样特别，不能不唤起房东的好奇，这好奇变成一个温暖的悬念留在心中。

房东知道柳是教师，可从未见过柳的男人。房东隐隐觉得，柳是经受过强烈打击不再会流泪的人，内心深藏着惆怅与孤寂，有一种难言的苦楚，又有一种希望的甘甜。

过年时，街道干部寻来，给柳送了对子，于是房东晓得柳是烈属。房东是熬过来的人，一天没言语。晚饭，房东烧了几道菜，唤柳，"闺女，一起吃！"以后，房东烧菜都多做一人的份。

那日，柳拿了报回来，小心地剪，房东见柳面发光，眼放亮。

这真是奇闻：一对年轻男女在喜玛拉雅山突遇风暴，百年后的今天，科学家寻到他们的尸体，竟发现心脏还跳动。

那夜，柳在房东屋坐了许久许久。

柳告诉房东，男人是边防连的连长，4年前的夜里领着通讯员查岗就没回来，那地方暴风雪说来就来，常发生雪崩。团、师、军区都一路一路派出人员寻找，天上有直升机，地上有铲冰车，寻遍整个冰山还是未觅见男人的影。

柳说，自己不敢想象男人在雪崩时挣扎的惨景；不敢想象男人在暴风雪中体温被酷寒扼杀，血液慢慢在膝盖以下凝固，双腿失去了知觉，心脏渐渐地进入封闭状态。那时的男人会不会流泪？会不会喊柳？

潜然了一阵，柳否定了自己的这些设想。她说，男人不会出事的，毕竟男人在冰山摸爬滚打了15年，有高寒下的自救经验，男人清楚冰山的脾气，熟悉那里的每一道冰川。那年，男人还曾率队寻找过失踪的登山队员呢……

开山时节，柳向学校告假，她去了遥远的冰山，临行，房东送柳，柳再三说，如果男人回来，让他在家候着，别走了两岔。

■ 赏 析

柳无声无息的身影，以"固定而单调的模式"迎送一个又一个日子。然而，她眸子中那两汪光泽却会"长久长久地闪烁"，她靠爱支撑着自己，她在等待着，她坚信自己的丈夫总有一天会重新叩开她的心门……

——多么伟大而真实、美丽而感人的关于爱的故事啊！

爱情、友情、亲情融为一体，重新构筑了生活的美丽，在这情的海洋，一切都会复苏，一切终将复苏……

■ 多雪的冬天

>> 韩素芳

　　我的心，是一片纯洁的雪地，只有你，才可以踏上深深的足迹；我的情，是雪花片片，落入你的梦里，化作甜蜜的春意。

　　也许是为了我们的分别，今冬才有这么多的雪。那万千片飘飞着的离愁，覆盖了欢乐，填平了龃龉，也抹平了你脸上盈盈的笑意。

　　幽幽路灯下，我们与初雪同行。明朗了的是世界，黯然了的是心绪，雪蛾翻飞的翅翼，悠然地飘进你的眼里。

　　我说：因为你眼睛太亮。

　　你说：是我羽化的泪滴。

　　相约着，在那个雪后的清晨，一起去寻找洁白的诗意。

　　柔情一样松软的雪地没有足迹。

　　青春一样清新的空间没有声息。

　　怀疑这也许是个童话——你在雪上画了个大大的心，又填上两个相爱的名字。

　　然后双手合十，小红帽落在雪地。

　　你在祈祷什么？是风不要抹平你的心迹？是人不要踏乱你的期冀？

　　然而扑到我怀里的，只是深深的抽泣。

　　明天我就要远行，不知该以什么相赠。满园的花树没有落蕾，湖边的垂柳尚未返青，就赠你枝头绒绒的雪吧，簪在你的鬓旁，是你的纯洁，是我的叮咛。

此刻，车厢里的音乐如红烛般在风中摇曳，我的心也便融下了温软的泪滴。

公路下以湍急的墨河穿过皑皑雪原，我的心将永远沿着墨河回溯。

我的情如寒鸦飞净的雪原，只有一片宽展的圣洁。

只是为了我们的分别，今冬才有这么多的雪。

■ 赏 析

多雪的冬天，空间是如此的娇柔清丽。我与你携手在寒冷的风里，心湖荡起温馨的涟漪。

多雪的冬天，世界是如此的洁净美丽，我和你一起走在"幽幽路灯下，"感觉到的是离别的愁绪。

"两个相爱的名字"静静地与雪对泣，风儿不肖"抹平你的心迹"，人也不会"踏乱你的期冀"。

我的心，是一片纯洁的雪地，只有你，才可以踏上深深的足迹；我的情，是雪花片片，落入你的梦里，化作甜蜜的春意。

你知道吗？"正是因为我们的分别，今冬才有了这么多的雪"啊！

■ 爱与美之歌

>> 丁凯隆

爱是一首美丽的歌，只有用心演奏，才能弹出醉人的旋律。

爱与美是人生之树上两朵神奇的玫瑰；人生因此而闪烁灿若云霞的光泽。

爱情对人类的一个重要贡献，就是她使人对美的感受大大敏锐起来。因为爱情生活自始至终都贯穿着男女双方的审美活动。

爱情的魔力再大，也无法使一颗卑劣的灵魂净化为一片圣洁。

只为道德去爱一个人，可能是一种缺陷；而不顾道德去爱一个人，则可能是一场悲剧。

正或邪，善或恶，美或丑，爱情可将它们分辨得一清二楚。

恋爱的过程，其实也就是人生走向充实、走向丰满、走向成熟与美丽的过程。

爱情之所以永恒，就在于她蕴含着美的吸引力。

感情是动态的美，理智是静态的美，若能将二者融合在一起，爱情就会闪烁永恒的光华。

没有爱情的滋润，美会很容易凋零，而没有美的内涵，爱情便会沉沦为庸俗的情欲。

爱情常常排斥友谊，然而只有当爱情同时融合着友谊时，爱情之美才会纯洁无暇。

并不是美貌的女人都拥有美丽的爱情；有时恰恰相反，越美的女人距爱情越远。

凡是卖弄容貌之美的女人，大多不会拥有幸福的爱情。

从倾倒于美色开始的爱情，也常因美色而告终。

较好的容貌与善良的心灵之间没有等号。

对恋人的美化，常常误导了人生的选择。

爱是一首美丽的歌，只有用心演奏，才能弹出醉人的旋律。

初恋，是一朵纯洁的睡莲，只有在适龄时才会绽出美丽的花朵。

能够使人不断变得善良和美丽的，只有爱；美是一朵花，爱是它生长的深厚的土壤。

欲望常是美感的敌人。欲望越强烈，美感越淡化，因而爱情也就成了完全丧失了美感的生理活动。

道德使人崇高，感情使人美丽。女人丰富细腻的感情比漂亮的外貌更能令男人倾心着迷。

懂得爱情的人，即使外表不美，心灵总是美的。与美相比，爱情与善良更接近。

爱情能够天长地久，往往不是由于本身的充美，而是由于双方都有一片宽阔的胸怀，能容纳对方的不完美。

爱情其实就是发现——不断发现对方的美丽，从而使自己也变得美丽起来。

■ 赏 析

爱情是什么？一百个人就会给你一百种答案。

但有一点大家是公认的，那便是：爱情是美。

而美的东西又往往容易错过，容易揉皱、摔碎。如何保持美？如何让"人生因此而闪烁灿若云霞的光泽"？最关键的是：我们要有一颗爱美之心。

保持好"感情"与"理智"之间的距离，用"宽阔的胸怀"容纳"不完美"，用"善良"的心灵塑造美，这样，美才能永恒，爱情也会随之天长地久。

读懂爱情，首先要读懂自己的心灵。

爱情红草莓

>> 晓 亮

我真想忍不住说爱情盛开如红草莓，好让她们迷离的目光从灯红酒绿中移开，从珠光宝气中移开，从而使她们的青春不再成为一种筹码，恢复原有的单纯和美好。

我的同代的女孩子经常不惜以惊世骇俗之举给九十年代的中国增添一个新语汇：甜妞儿傍大款。

据说，这些妞儿都绝对年轻，绝对漂亮，档次也决不低，相当一部分才貌俱佳，冰雪聪明。

据说，她们所依傍的款爷们都很有钱，且年长的居多，其年龄足以做她们的兄长或者父亲。

也据说，她们经常出入于舞厅宾馆、饭店商店，款爷们也极尽怜香惜玉之心，动辄一掷千金，只为红颜一笑……

热衷于此事的人如数家珍，大有恨不相逢未嫁时之抱憾。

每当这时，我都要傻乎乎地多问一句：那么爱情呢，别人颇为奇怪地审视我一下，就像打量一件出土的文物。

固执地认为爱情存在，就像相信太阳每天都要升起一样，已经不能更改了。

最早的爱情启蒙其实是那些前苏联歌曲。最著名的莫过于那首《红莓花儿开》，那种欲说还羞的境界极佳极美，爱情在那朦胧的红豆心绪中也似乎愈加灿烂如花，燃烧似火。

后来就读中文系，生生死死的爱情故事就愈发耳熟能详了，古典的如张生和崔莺莺，杜丽娘与柳梦海；现代的如小二黑和小芹；林道静和卢嘉川。另有不少是发生在身边的寻寻觅觅，聚散离合，都很热烈，很热情。现在回忆起来，我依旧不认为他们痴情很傻。

这是一生中一个极纯美的阶段，美就美在爱得投入，爱得单一以及无功利性，只为了相知相悦，只为了缘份的笃定和心中的思念，只为了"相看两不厌，唯有敬亭山"。爱情在这个年龄盛开，鲜若草莓，其感觉也相似。

认定了这样的美好，总不明白那些傍着大款的女孩子是不是过于早熟，抑或我的思想过于晚熟？虽然认为三毛所言极是——怎么样都是一种活法，但依然从心中很是杞人忧天地为我的同代的女孩子惋惜，虽然款儿们并非个个混蛋。

我有个老师是写书的，后来应邀给一位有钱的日本老头儿写自传，从而有机会结识了他身边的甜妞儿。这妞儿目标明确，就是出国。但我的老师说目睹他们二人的关系很觉辛酸，这样年龄的女孩子几乎完全被这老头子所控制，出了国依旧如斯。

细细追究，这位甜妞儿其实是个心气儿极高的人，欲在国门之外舒舒展展活一生。然而，这样的代价，终要给这出国梦打上烙印的。也许三十年河东，三十年河西，这妞儿的命运会有所转机，但是这个如花的岁月不会再来，许多年轻的故事也会擦肩而过。在这个最应该留下纪念的年纪却最没留下什么，我指的是那种鲜若草莓的爱情以及种种感觉。

甜妞儿傍大款，是不是已成时尚，无从知晓，但是，我分明看见衣饰的华贵正在侵蚀她们眸中的清纯，我知道那轻松、舒适的生活方式背后是那只有她们才能捡拾得起的沉重。

　　我真想忍不住说爱情盛开如红草莓，好让她们迷离的目光从灯红酒绿中移开，从珠光宝气中移开，从而使她们的青春不再成为一种筹码，恢复原有的单纯和美好。

　　去田野小河边，去红莓花儿开的地方寻找你的爱情，再为这样的爱投入一次。爱，作为你惟一的目的。

■ 赏 析

　　瞧啊，在我们的周围，有多少"甜妞儿"在廉价抛售着爱情，她们追逐着华丽的衣饰富贵的生活，在她们的眼中，爱情正在大面积地变腐变臭：金钱、居所、地位、名利"侵蚀着她们眸中的清纯"，难道这也能称其为"爱情"？

　　再看看另一部分"甜妞儿"的生活方式，她们背弃道德的约束，于灯红酒绿之中寻欢作乐，沦落为那些堕落男人纵情纵欲的工具，如此消磨青春，浪费红颜，哪儿还有什么"鲜若草莓的爱情"？

　　愿"甜妞儿"猛醒，找回你的羞涩，找回你"原有的单纯和美好。"

■ 无雪的冬天我依然等待

>> 乐 青

我不能让冬天带走我这段纯洁的恋情，我要等树枝发芽的季节，让爱在心底升华，我要精心护理并且珍惜，在瘦弱的路灯下化成一棵树，让树枝伸向远方。

依稀见你，从咸涩的雨雾中消失，而我依然站在瘦弱的路灯下等待。等待你潇洒的身影再次返回我的眼帘中。

我知道你不明白我对你深深的眷恋，我知道我不能让你从深浅的愁中解脱出来，我知道这一去你将不再回头；我知道人间本身就存在着许多难以填平的沟壑。我知道我该拥有什么，不该得到什么，可我依然死心踏地地企盼着，企盼着能够看到你，看到你回一下头。

我决不会因为你不回头而不再等待，也决不会因为有许多明白的不公道无追求无所爱，只是我不能让你知道我初恋的纯情和单相思所受的苦难与煎熬，还有这颗因为爱你而屡遭磨难的心。

我的心曾受过伤，也流过不少血，但我深深地懂得人世间的红与黑和明与暗。

冬季里没有落雪，我的心干涸而苦涩。你难道不觉得没有落雪的冬天缺少什么吗？真正的冬天是应该有雪有寒风，有遮挡风雪的温暖的小屋。屋里有红红的火炉。

虽然冬天不像真正的冬天，没有落雪，但毕竟下过一场雨。我依然能从雨过天晴的小路上找到你留下的深深的清晰的足迹，还能闻到那股独你才有的男子气息。

冬天不久将要逝去，你也已经遥遥的离我远走。然而，我不能让冬天带走我这段纯洁的恋情，我要等树枝发芽的季节，让爱在心底升华，我要精心护理并且珍惜，让它在心中陪我直到永远。

尽管我知道你已经远去，而我仍然痴痴地等待着你能够回一下头。那么，我将会在瘦弱的路灯下化成一棵树，让树枝伸向远方。

■ 赏 析

真正的爱应该撼天坼地，真正的爱应该有雪有风，有遮挡风雪的温暖小屋和红红的火炉。

爱不企盼回报，没什么条件，只需付出苦难与煎熬，即使心受创伤，血流殆尽，也无怨无悔，最后只要能读懂了人世间的红与黑，明与暗，这就够了。这样的爱，才称得上"痴爱"，这样的人，才称得上"爱痴"。

■ 羞色最美

>> 相 亭

羞色朦胧，魅力无穷。羞色是爱情的色彩。女性的羞色主要是出现在爱情生活中。它是一种青春的闪光，感情的信号，是被异性拨动了心弦的一种面部感应，是传递情波的一种特殊语言。

伟人泰戈尔曾经说："美的东西都是有色彩的。"那么，世界上什么色彩最美呢？人们可能回答表示热烈、喜悦、勇敢、斗争的红色最美，或回答表示庄重、醒目、光辉、高尚的黄色最美，或回答表示活泼、生气、健康、平和的绿色最美，还有蓝色、青色、橙色、紫色等等最美。其实，在所有的色彩中谁也比不上人的羞色之色最美。

羞色是人类文明进化的产物。任何动物，包括最接近人类的猩猩，是绝对不会害羞的，自然也就没有羞色。德国名画家丢勒所画的人类始祖《亚当和夏娃》各用一片树叶遮盖着他们的生殖器官，标志着人类最原始羞色的产生。随着由蒙昧向开化的不断进步，人对本身自爱自重意识愈加突出，感到难为情，不好意思的心理活动愈加难免，于是，羞色也就常常出现在人们的脸上。

羞色是人类最天然、最纯真的感情现象。即使是最高明的艺术表演大师，可以说哭就哭，说笑就笑，甚至可以摆耳朵、转眼珠，但让他（她）脸上立刻露出羞色来则就无能为力了。他（她）只可有羞涩涩姿，却没有羞涩涩色。

羞色是一种女性特色。诚然，男性也会有羞色，然而更多、更频繁、更鲜艳更羞色却总爱挂在女性的脸上；男性羞色上脸往往显得狼狈可笑，而女性羞色盈面却被认为天然合理。一提"红颜"谁都知道指的是女子（特指美貌女子）而不是男子，这"红"字显然不只是面部的青春红润，更重要的是与羞色有直接关系。红色的羞色象征着女性，但它往往稍纵即逝，所以自古女子就学会了使用红色的胭脂，起到了羞色常序列的效果，有助于保持和强调她们的特色。

羞色是爱情的色彩。女性的羞色主要是出现在爱情生活中。它是一种青春的闪光，感情的信号，是被异性拨动了心弦的一种面部感应，是传递情波的一种特殊语言，正如老舍所说："女子的心在羞耻上运用着一半。一个女子的脸红胜过一大片话。"人们常把爱情之梦说成是玫瑰色的梦，发生了爱情风波则波称为"桃色新闻"，连办理嫁娶也都叫"办红事"，这些"红"字想必都与羞色不无联系。

羞色朦胧，魅力无穷。康德说："羞怯是大自然的某种秘密，用来抑制放纵的欲望；它顺利自然的召唤，但永远同善、德行和谐一致。"伯拉克西特列斯的雕塑名作《克尼德的阿佛罗狄忒》和《梅底奇的阿佛罗狄忒》都是反映女性羞怯美的。羞怯之色犹如披在女性身上的神秘轻纱，增加了她们的迷离朦胧。这是种含蓄的美，美的含蓄；是一种蕴藉的柔情，柔情的蕴藉。

■ 赏 析

羞色最美。

羞色是"人类最天然、最纯真的感情现象"，是"爱情的色彩"，它是心灵深处的悸动在面部的感应，因此，纵使你如何强装羞色，也决不会真切地表达它的内涵。

"羞色朦胧，魅力无穷"，它是一种"柔性的蕴藉"，它顺乎自然的召唤，是情感深处最闪亮的一朵水花……

羞色最美。

心灵的默契

>> 流 云

爱是真情的流露，根本无需感谢。我只是感谢你使我品味了生命的甘美，生命的真实，与生命的激越。你用你智慧的手为我打开一扇久未开启的窗，让我认识到人不该为太多的形式所羁绊，而应听从心灵的指示，追求真实无悔的人生。

再一次，我淹没在你的柔情里。

所有的言语都无法表白我此刻的感动。伏在你的怀中，默默地，什么也不想说，什么也无需说，我漂泊已久的帆终于垂落在你的岸边。

这岸好厚实，也温暖。

——你给我永远的许诺让我永远地依偎着你吗？

在那个飘着雨丝也飘着忧伤的季节，鸽哨不在蓝天吹响，曾有美丽的誓言被狂风荡涤个干净。当我赤了脚在雨中伤心地哭泣，是你，用你的伞为我撑起一片橙色的天空。望着你专注的关切的眼神，望着你被雨打湿的肩头，我心重又复活似的忍不住一个颤抖。自那日始，你晴朗的笑使开始带我走出雨季，你便从此成了我心深处的牵系。

你是那样充满男性的机智与幽默。你的心怀仿佛是海，让我一次次探寻又一次次陶醉。在你面前，我放松成一个孩子，也赖皮成一个孩子。我讲我的梦想，讲我的迷惑，也讲我的失意。甚至头脑中不时滋生的不那么高尚的古怪念头，我也向你无顾忌地讲出来。从来没有这样全身心地释放过自己，而这一切，又得到你那么多的理解和认同；你也向我诉说你，诉说你成功背后不为人知的心事。你低低的声音唤起我对你更多的渴望，我们彼此理解又彼此宠爱，彼此接纳又彼此宽容。尽管我们的心头都已或深或浅地留下过伤痕，我们的眉间都或纵或横地印记着沧桑，而无意培植的爱情，却燃烧着你我依旧年轻也将永远的心灵！

我其实很感谢你。并非感谢你给我爱的支持——爱是真情的流露，根本无需感谢。我只是感谢你使我品味了生命的甘美，生命的真实，与生命的激越。你用你智慧的手为我打开一扇久未开启的窗，让我认识到人不该为太多的形式所羁绊，而应听从心灵的指示，追求真实无悔的人生。

认识你使我觉得生命真实而富有涵义。不再莫名地为花流泪、对月叹息。我知道快乐开始变得很具体。比如只为你众目睽睽下迅疾的一瞥；忧伤也变得很简单，比如只为一候得太久的电话。在相爱的人中间，每一个举动糅和着爱意，甚至琐碎的话题也充满了温情。幼稚的我常常要顾虑未来的不可知，担心这份感情的不确定。你告诉我生命原本是不断流动的河流，只有热爱这种流动才会获得人生的成长与爱情的永恒。你和我是有约的。我们知道命运的不恒常，所以我们约定，当我们在高峰，就共放歌喉；当我们在低谷，就歇下脚，在山坡上坐下，听流水与自然的歌声。我们会耐心地等待下一个高峰。因为一切都在生命的本来意义中运行。

我们相互拥有，却依然有两个独立的个体。很多日子里，你就像风一样，在我周围留下飞翔的歌，就又匆匆地远行。即便我的目光被你牵系，我却不愿牵系你前行的脚步。你不在我身边的时候，你依旧深藏在我心中。我欣赏你的才情像欣赏流动的风景，我感受你的呼吸像感觉暖春的和风，我倾听你的低语像倾听月下的箫声。因为你，我的渴望很真实很明确；因为你，我的思念很具体很悠长。纵然是铅华洗尽，你曾经给我的柔情也依然温暖我冬夜的寂寞。

　　昨晚我曾见到萧，你也认识这个聪颖而敏感的青年。萧又喝多了，他又记起他心爱的女孩。其实这个故事我已听过很多遍。对于我，这只是个缠绵绯恻的爱情故事，而对于萧，却是他痛彻心肺的情感悲剧。"她是我唯一的真爱！"萧说，然而他们却没有再亲近的机缘。爱情，在瞬间的错失之后，千呼万唤也无法再回头。我真庆幸我和你没有擦肩而过，我们是听从了心灵的呼唤的。

　　你我之间的故事还短暂，但我们仿佛已有了一生一世的了解。因相知而生的喜悦、因相似而生的默契，使我的身心充盈着不为人知的幸福感。我只希望你能明了我的心情：你是我生命中的至爱。

　　请为我好好保重你自己吧，无论我们相守还是短暂的分别。请你格外珍重，让我可以有永远的梦想、永远的思念、永远的眷恋——给你。

　　让我紧紧地握住你的手，像握住前行的航标；让我好好地爱你并被你爱；让我凝视你的双眼把你凝视成永恒。

　　让我们做一生一世的爱人。

■ 赏 析

　　这是一颗被爱滋养、浸润的芳心。在爱之舟上，轻轻拨弄着爱的涟漪，把昔日的烦忧抛弃，用厚实的爱裹紧自己的身体。

　　没有过多的奢望，也没有过分的亲密和依偎，只有两颗心的相知、相恋、相牵，只有爱的悠长的寄托和誓言。

　　让爱永固，"让我们做一生一世的爱人"，这是爱真情的流露，这是心灵深处最真切的呼唤……

情溢四海

■ 生命的核心

>> 刘　墉

花香四溢的春日清晨，我的回忆簇拥着我，把我送回我的过去……

上帝创造天，并不是为了叫我们不要去看它。科学是块面罩：揭掉面罩，去看吧！去寻找美！

美为野兽而存在，美吸引野兽。美促使它们选定各自的发情期。它们懂得美是信号，是幸福和健康的保障。——可是，会思考并相信的人，如今却对野兽始终懂得的事情一无所知。人们造就我们，是为了让我们接受不幸。人们强加给我们的可恶的教育，从我们的孩提时代就向我们隐匿掉光明。

人到了能够概述自己不断体验美妙事物的年纪，是何等的快事！

大自然的一切景象都是美妙的。只要去爱，就能洞察它们的奥秘。唯一的爱的思想，即热爱大自然，是我生命的核心。

环境决不会压倒精神，也决不会压倒法则。

审美感是必不可缺的，是不朽的。

在感到自己的欣赏功能如此活跃时，我深信这一点。这一功能，人人都有。

它会昏昏入睡，也会大梦初醒。

我也不是从来就认识全部真理的。我对那些向我们揭示真理的力量多么由衷的感谢！——今天，通过这个花香四溢的春日清晨，我的回忆簇拥着我，把我送回我的过去，我想起漫长而美妙的学习：

它们给了我生活的情趣，并把它的奥秘教给了我。

我从何处得到这一恩惠的？

起初，是从我穿过森林的多次远途散步中；散步使我发现了天；天，从前我自以为我每天都看见它，但是，有一天，我才看见了它。

以后，是从模特儿、从活人模特儿身上；模特儿对我不言不语，却激发起我的热情，使我变得很有耐心，并给我以理解作为众花之花的这朵人类之花的欢欣。

我的赞美之心总是越来越高涨，越来越博大，我的观察力也变得敏锐了……对我来说，掌握一种手艺可以使我向大自然倾诉我的爱，是何等的幸福！——啊！这位模特儿，这座生命的圣堂……这便是我在我的心中采集的蜜。我在永恒的感恩中看到，心的雄辩的使者纷纷飞向上帝，飞向上帝造出的妙人儿。另一些人享受同样的幸福。而且，我深知，那些人，眼下，就像所有的世纪，和我一起，崇拜着美。美不会死去。

■ 赏 析

瞧啊，这"自然之美"就在我们的身边，你常常从它身边走过，但你为什么总是不留意它的存在？

但它却固执地包围着你，靠近你，并设法想挽救你的呼吸。它是你"生命的核心"，失掉它，你最终会失掉自己。

于生命之中恬读美，感知美，抚摸美，凝视美……融入美。因为，"美不会死去"，所以，生命也会长存！

■ 白 鸽

>> 刘白羽

冬天，这时刻却还是黑夜沉沉，万籁俱寂，满城灯火灿若银河，北风吹到脸上，令人觉得既清冷又清醒，一颗颗星光象天使的微笑的眼睛，黑夜仿佛有一种魔力，使人与宇宙融洽，油然而生一种孤独感，一种崇高感，待到街灯倏然一下熄灭，清晨的晨曦弥漫而来，是那样喜人。

我每天早晨五点半起床，到楼顶平台上散步。

对于一个人一生的历程来讲，如果说每个一天都是一个新世界，那么，每天早晨五点半，就是我的新世界的开端，也是我的新世界的最美好的时光。

夏天，曙光红透东方，天空那样庄严肃穆，一缕缕金光愈来愈明亮，清风习习，清气微微，而后，一轮红日尚未露出，但它的光明已经把城市海洋西方的一些高楼的玻璃照得熠熠闪光，象有无数把小火炬在跳荡。

冬天，这时刻却还是黑夜沉沉，万籁俱寂，满城灯火灿若银河，北风吹到脸上，令人觉得既清冷又清醒，一颗颗星光象天使的微笑的眼睛，黑夜仿佛有一种魔力，使人与宇宙融洽，油然而生一种孤独感，一种崇高感，待到街灯倏然一下熄灭，清晨的晨曦弥漫而来，是那样喜人。

因此，也许比起夏日的黎明，我更爱冬天的晨光。

不过，冬天也有不如人意之处，就是乌鸦成群。我的高楼旁有一片白杨树林，一入冬，树梢上就栖满乌鸦，尽管树林在凛冽的寒风中颤抖，乌鸦却睡得十分酣畅。而后，不知在时间和空间中有一种什么神秘的信号，乌鸦便咿呀——咿呀叫成一片，旋即从我头顶上空飞掠而过，乌鸦的聒噪倒不在于它打破黎明的岑寂，而在于它确实刺耳难听。乌鸦竟是那样多，一群群，一阵阵，就如同一团一团黑云，一下破坏了宇宙间的色调，而污染了晨曦。但它们却俨然以迎接黎明的使者自居。一边飞一边还排泄一下秽物，在许多好看的屋顶廊檐上留下斑斑白迹，实在可恶。但是，有一个早晨，正当乌鸦群飞之时，我忽然发现，在我家楼顶平台的短墙上立着一只鸽子，它那洁白的羽毛，白得十分耀眼，我一看，心灵一动，放轻脚步。

白鸽啊，它是那样安祥、幽静、自如。鲜红的短喙、金黄的眼圈，一身毛茸茸的羽毛，使得这只鸽子在头上飞旋的乌鸦的衬映下，显得特别的美丽、异常的圣洁。

在它身上晨曦之光由青色变为淡红，白羽毛好像在发出一种柔和的光亮。说也奇怪，一刹那间，那些乌鸦的聒噪好象消失了，那些鬼怪的黑影也不见了，似乎是那些乌鸦在白鸽面前也自惭形秽，也从而销声匿迹了。

我的心境由喜悦变为尊敬，你想，就是这只白鸽，它振其健美之羽翼，凭其坚定之信念，认定一个明确的目标，不怕长途跋涉，向千里万里之外飞去，又从千里万里之外飞回，给人们带回珍贵的信息。可它从来不像乌鸦那样聒噪喧天，而只沉默不语，站在那里一动不动，偶尔侧转一下头，而后又凝然远视。

红色曙光上升，一片阳光照射而来。这时，白鸽飞起来了，象一小团白雪，象一小片白云，向那阳光的灼亮的地方飞去，这时我的心好象也冉冉地随它飞去了。它向远方飞去，成为一个小白点，随后消失在洒遍人间的日晕之中了。由于观赏这只白鸽，我推迟了散步的时间，可是，我觉得这一个冬日的晴明，特别明亮。

■ 赏 析

就在这个冬天，就在这个乌鸦"聒噪喧天"的冬天，"我"看到了一只小白鸽，它"沉默不语"，"凝然远视"，"我的心境由喜悦变为尊敬"，"我"为它的孤独和深沉所打动，它没有乌鸦"刺耳难听"的喧闹，没有以"黎明的使者自居"的傲慢，没有随处"排泄"的"秽物"。它就是它——"安祥、幽静、自如"。在经历"千里万里"奔波之后，在准备"千里万里"新的行程之前，它静静地伫立于"楼顶平台的短墙上"，"特别的美丽、异常的圣洁"。

"我尊敬"，不光因为它的恬静、悠然，更因为它的凝重、坚定……

■ 拼死相撞

>> 余 魂

人类呵，你为何要打扰和剥夺动物的生存权利？在猎枪和美食之中丧失内心深处最原始最宝贵的情谊。当一切的生灵都被你们捕杀殆尽，你们会不会返过身来，捕杀你们自己？

那时，我算得上是一个捕鸟者，随村里的一些青年出没在林间。那时捕鸟、捕蛇成为许多当地人谋生的手段。

一个阴晦的清晨，我听到山谷深处有鸟被套住的尖锐啼声，循声过去，看到一只羽毛未丰的小竹鸡边啼边无力地挣扎。

我带着遗憾去捉它，正欲把它解下。这时小竹鸡旁边一竹茂盛的草堆里忽地飞起一只大竹鸡，还没等我明白是怎么回事，脸上便狠狠地被它撞了一下。等我惊魂未定地回过神来，它已落在高地上，在那里凄厉地叫着，那声音在静寂的早晨听得我头皮发麻。我摸着火辣辣的脸，再一次去抓那只小的。没想到那只大的——小竹鸡的母亲，又玩命似的撞过来，我不敢相信，那就是一贯看上去温柔又羞涩的竹鸡。

后来，我一手护着身子，一手小心翼翼地解了套子，把小竹鸡轻轻放在草堆上，然后带着愧意和感动离去。

再后来，我就把家里所有的捕鸟工具都毁了。

■ 赏 析

大凡有生命的东西都有一种相互依托的亲情存在，是亲情维系着它们繁衍生息，是亲情构筑了这个世界的和谐和美丽。

人类呵，你为何要打扰和剥夺动物的生存权利？在猎枪和美食之中丧失内心深处最原始最宝贵的情谊。当一切的生灵都被你们捕杀殆尽，你们会不会返过身来，捕杀你们自己？

听听竹鸡凄厉的叫声，看看那些"温柔而又羞涩"者的反抗，你们怎么能够活得安稳？

北 国 鸟

>> 川 岛

　有什么比在生养自己的地方面临严寒的威胁而逃之夭夭的鸟儿更可耻的呢？有什么比不因故土贫穷而坚守待春的鸟儿更可爱的呢？

　　北国鸟，是我给麻雀取的一个新名字，我是带着钦佩的心情取这个名字的。麻雀的形象瘦小单薄，毛浅嘴尖，欲飞难远，欲唱不畅，于是它在人们的心中向来就没有什么好印象。又由于贪吃谷物，曾被列为四害之一（现在平反了）大力捕杀过。诗人们也讥笑它"胸无大志""只会喧哗"，李调元的《麻雀赋》更是将它贬得一钱不值。

　　但我却喜欢它，喜欢它冬天不畏严寒，坚守在北国的精神。

　　冬天的北国是萧瑟的、奇寒的。这时，没有春天的蓬勃生机，没有夏天的繁华热闹，没有秋天的累累硕果，没有美味的食物。有的只是风，风！无情刺骨的风！间或漫天飞舞的大雪。那些骄贵的候鸟们害怕了，拍拍翅膀远走高飞了。但是北国并不缺乏鸟雀的歌声。听，"唧唧唧"，那是北国鸟呼唤春天的话语。虽然并不悦耳，却是那样感人。

　　有什么比在生养自己的地方面临严寒的威胁而逃之夭夭的鸟儿更可耻的呢？

　　有什么比不因故土贫穷而坚守待春的鸟儿更可爱的呢？

没有！

我想起了裴多菲的两句诗："纵使世界给我珍宝和荣誉，我也不愿离开我的祖国，因为纵使我的祖国在耻辱之中，我还是喜欢、热爱和祝福我的祖国。"

呵，北国鸟，遍地的北国鸟……

■ 赏 析

这是一篇文词精美，托物言志的小文。

作者开篇紧扣文题，介绍何为北国鸟，新颖别致，字里行间洋溢着对北国鸟的喜爱之情。

接着，作者采用欲扬先抑的手法，先写麻雀的在人们心目中的通常印象："瘦小单薄，毛浅嘴尖，欲飞难远，欲唱不啭……"然后笔锋一转写道："但我却喜欢它，喜欢它冬天不畏严寒，坚守在北国的精神。"对麻雀的赞誉之情跃然纸上。

修辞方法的恰当运用是本文的一大特点。排比句写出了冬天的北国萧瑟、奇寒的环境，用以反衬麻雀的与众不同之处；设问句的使用渗透了作者对麻雀的全部的爱。

文末作者巧引裴多菲的两句诗："纵使世界给我珍宝和荣誉，我也不愿离开我的祖国，因为纵使我的祖国在耻辱之中，我还是喜欢、热爱和祝福我的祖国。"一下子升华了文章的主题。

■ 关于动物的几个故事

>> 佚 名

是的，躯体有形，灵魂无垠；现实有限，梦幻无边无际。

一个屠夫的顿悟

10 年前，张顺是个专职屠夫——专门为附近的人宰杀大小牲畜。他说，干他们这一行的，在每次"行刑前"，心里都念叨这么一句话：别人不吃我不宰，别人不吃我不宰。即使这样，仍常做噩梦。有一年冬天，张顺很便宜就从市场上买了一头驴，盘算着到春节杀了它，卖个好价钱。日子到了，他拎着一把长刀冲着驴就过去了。驴就到处躲。几次三番，张顺急了。上去一把搂住驴的脖子，挥刀要刺，驴冲天"嗷"的一声长叫，随后流出两行眼泪。张顺愣了一下。就在这时，家里的狗、鸡、猪都一阵乱叫，那条狗上来还要咬张顺。"反了你们，"张顺心里想着，刀就停在了半空。正在这时，意想不到的事情发生了：驴生孩子了！

一只小驴出生了，那把杀驴刀还在地上插着。此时，大驴显得很安详，无所谓地看着蹲在地上抽烟的张顺，张顺老婆给喝大米粥，它也不喝；其他动物们，也都恢复了平静，可张顺的刀从此却再也没有拿起来。

张顺说，他已经 10 年没吃肉了。

你的欲望我的悲怆

不能用枪，要用棍棒，因为枪弹会损坏小海豹雪白的皮毛。杀戮让小海豹头开脑裂，有的在剥皮时还在痛苦地挣扎蠕动。前来保护自己孩子的成年海豹也难逃乱棍。纯洁安静的冰面上一片凄厉叫喊，鲜红的血将方圆十几里的白色世界渗透。

六七十年代，每年春天，这幕惨剧都会在加拿大东海岸上演，为了满足欧洲对海豹皮的需求。

如今，被加拿大政府允许的商业捕杀再度如火如荼。这次遭殃的是雄海豹。每次猎杀过后，冰上、水里都残留许多雄海豹的尸体。惟一欠缺的是它们的下半身或生殖器官。1997 年有 40 万头海豹被杀。

当地人说，这一轮加拿大海豹被杀，是为了给你们东方人，特别是中国人，壮阳。

国内的电视屏幕上，一位成名的女星，正每天在电视广告中唠叨：人人都为礼品愁，我送北极海狗油——海狗，就是海豹。互联网上，一种海狗鞭制品也正在宣扬：21 世纪补肾新观念。不要滥用"伟哥"，海狗鞭制品迄今是最好的增强"肾动力"的天然补品。

他们可能不会想到，为了让自己性起，中国渤海湾的斑海豹已经濒临灭绝了，加拿大海豹接着遭殃。

从远古的漫长岁月中一起走来，人类虽一直利用动物，但并未给它们带来灭顶之灾。工业革命后，征服自然的工具不再是手、斧头，而是机械、科技。人类突然发现自己竟然如此有力。心存畏惧的生存挣扎，终于演化为肆无忌惮的欲望释放。

不只是"性"，几乎每个让人类激情迸发的单词，背后都有一曲动物的哀歌：

美食。毛里求斯的渡渡鸟被当做"活罐头"吃绝了。中国海口市正时兴用野生鸟类熬粥。一家美食城赫然打出灯箱广告:"鸟的王朝,粥的世界。"

时尚。"沙托什",可以从指环中穿过的披肩,用藏羚羊绒织就,贵逾黄金。

健康。熊胆汁清肝明目,且除痔疮;虎骨、麝香各种以动物为原料的药酒。中国东北虎,目前仅余7只。

许多野生物种甚至还没被人类认知,就已永远消失了。在地质时代,鸟类平均300年灭绝一种,兽类是8000年。如今,自然界植物灭绝的速度是每分钟一种,动物是每天一种,灭绝还在以加速度的趋势进行着。

■ 赏 析

张顺到底"顿悟"了什么?

我想,可能是他第一次完整地理解了生命。其实,在这之前,张顺的心灵深处也有善的一面,他用"念叨"解脱自己的罪责,之后再把恶的一面暴露出来,如此作法,是不是种"伪善"呢?

但这一次,他体验到了源于生命底层的冲撞,他体验到了一切生命相通的一面——那就是爱,博大而又多么富于温情……

如果有什么摧毁了你的心灵,那么,就让爱来修补吧!

■ 动物小品

>> 儒勒·列那尔

施人余荫总让受施者有仰人鼻息的自卑感，结果由自卑成了敌对。

猫

我的猫不吃老鼠，它不喜欢吃。它抓老鼠不过是为了拿来玩。

当它玩够了，就饶恕老鼠性命，去别处遐思，身子坐在蜷曲的尾巴上，天真无邪。

然而，由于猫的利爪，老鼠已死了。

喜 鹊

它全身漆黑。但是，它去年冬天是在田野上来度过的，因此，身上还带着残雪。

狗

这种天气，是不能赶波昂杜到外头去的。风在门底下尖利呼啸，甚至逼迫它离开了草垫子，寻找着最合适的地方，把可爱的脑袋悄悄伸到我们座位中间。但是，我们都肘靠肘紧挨在一起俯身烤火，于是我给了波昂杜一个耳光。我的父亲用脚蹬开它。妈妈骂了它一顿。妹妹则递给它一个空杯子。

波昂杜打着喷嚏，去到厨房看我们是否已收拾就绪。

然后，它走回来，往我们圈子里硬钻，也不怕被我们的膝盖夹死。瞧！它终于挤到壁炉一角。

它在原地转了好一阵子，靠柴架坐下，不再动弹。它望着主人们，眼神那么温柔，谁都只能宽恕它。不过，差不多烧红的柴架和散出的灰烬烫着它的尾巴。

它却还是待着。

我们为它闪开一条过道：

"喂，快滚，蠢家伙！"

但是，它执拗不动。在野狗的牙齿冻得发颤的时光，波昂杜却在炎热中。它毛烧焦了，屁股烤灼着，但强忍住不吠叫，苦笑着，泪水盈眶。

鹿

我从路的一端走进树林，而它是从另一端来的。

起先，我以为那是一个陌生人带着一瓶花前来。

然后，我发现这是一头鹿，它的角像一棵矮矮的小树，枝条丫杈，没有叶子。

最后，鹿一下子出现了。我俩全停住脚步。

我跟它说："靠拢来，什么也别怕。我带着枪，那为的是有气派，想模仿那些煞有价事的人。我永远也不会使用枪，我把子弹留在子弹盒子里。"

鹿听着，嗅着我的话。我一说完，它毫不犹豫地拔腿就跑，像是一阵风刮得枝条一会儿交叉，一会儿又不再交叉。它逃走了。

"多遗憾！"我朝他喊，"我都幻想咱俩一起上路了。我呢，将我所喜爱的草儿亲手献给你，而你，就把我的枪横在鹿角上散步。"

蝴　蝶

这封轻柔的短函对折着，正在寻找一个花儿投递处。

■ 赏 析

当这一幅幅生动的动物图谱展现在我们面前的时候，我们会不会捂着心口说一声"阿门"？

每一张生动的脸谱反面，都隐含着浓浓的亲情，人与动物的有机结合，才构成了这个世界的美妙绝伦，倘若人类失去了动物，那么，人类最终也会失掉自己。

而文章之中，又蕴含着很深的哲理性，带人步入一个丰富的想象空间，在这个空间中，你根本分不清什么是动物，什么是人。

阿门！

■ 羊

>> 方 敬

羊也就能使我们想起崇高的东西:"我吃的是草,挤的是奶。"

谁都觉得羊是可爱的。它在青青的草地放牧,一身白茸茸细软的毛,尖下巴上长着一撮胡须,头两旁一双翘翘的小角,欢跃着或者蹲着,有时咧开嘴咩咩地叫……好一个天真无邪的生命。

羊使人想到纯洁。

它更使人想到古代冰雪的胡地里那象波浪似的起伏着的大群羊,那灵魂象冰雪一样洁白,守节十九年如一日的老牧羊人。是的,提起或者看见羊,就会想到他,他坚贞的意志,他的一片丹心。他被羁在北海边的穷愁寂苦显托出他人格的磊落,值得古今歌颂。我小孩时候唱着当时流行的赞美他的歌曲,我心里就对他怀着深深的礼敬。那些羊把他的身世装点得更加悲壮,烁亮,而与他一同不朽了。因而羊也就能使我们想起崇高的东西。

在圣经上羊是替人赎罪的呵!

每天清晨,当我看见那贪啬的邻妇把羊头抵在墙上吸血似的挤着奶的时候,我就想起了我们现代有句名言:"我吃的是草,挤的是奶。"

我家乡流行着一句俗话:"羊毛出在羊身上。"我虽然没有看见过剪羊毛,但是羊自古以来总是被牺牲的。

羊是温和、柔顺而驯良的，然而，你瞧，"它也会有翘起角来的日子哩。"

■ 赏析

"弱肉强食"、"恃强凌弱"，往往被人们视为生存竞争的自然法则而得到默许。然而，作者在这里却写出了关于弱者的翻案文章，他充满崇敬地为弱者献上一曲颂歌。

作者对"羊"有很深的洞察和理解。它不仅有善良的一面：纯洁、忠贞、无私奉献。而且"它也会有翘起角来的日子哩。"这最后一笔，石破天惊，让人看到了"羊"的另一种形象。

看来，"弱者"并非首肯其万劫不复的软弱。落笔于"羊"，寓意在人，象征构思的艺术特点，显得文章含蓄蕴藉，耐人寻味。

不要一味鄙薄"弱者"吧！

德国买鱼记

>> 栋 材

生命只属于我们一次，我们该把她打扮得更加光彩。

前不久赴德国慕尼黑探望表弟。

周末，表弟驾车带我到郊区观光游览，遇见了一位当地渔民正在捕鱼，他每撒一次网，就能捕到五六条手掌般大的红鲫鱼。老实说，我从来没有见过这种满身通红的德国鲫鱼，因而嘴唇不由地啧啧着。表弟大概察觉到我想"尝鲜"的心思，于是就走到渔民面前，用手比划着"买两条鱼"，渔民笑着点了点头。我这时便反客为主，走到鱼盆旁，弯下腰选捉了两尾红鲫鱼。渔民接过后，掂了掂，又开五个手指头，会意的表弟马上从口袋里掏出 5 马克钞票付给他，这时他将两条鱼郑重其事地摆放在绿茵茵的草地上，拿起一根小木槌，朝它们连连重击数下，瞬间，两条鱼就一命呜呼了。然后他再拾起鱼，装入塑料袋里，递交给表弟，这才算"银货两讫"。

我感到十分疑惑：蹦蹦跳跳的鱼儿干吗要故意弄成直挺挺的死鱼？表弟解释道：这是德国人的一种传统食鱼习俗，是为了尽量减轻鱼儿"临终"前的痛苦。

次日早晨，表弟又带我上附近的一个菜市去买鱼。而且特别向摊主提出请求：买条活草鱼提回家。摊主见我俩是中国老外，沉吟片刻，便同意了，不过他同时也向我俩提出一个要求：请到对面的一家药店去去购买一粒晕鱼丸。

离开鱼摊后，表弟解释道：这也是德国人解脱活鱼临死前痛苦的一种方法。这种"晕鱼丸"放入水中后，立刻就会溶化，鱼儿会被麻醉得一动也不动：提回家开刀问斩时，它就不会感到有丝毫痛苦。接着他又指着沿街一家又一家卖活鱼的商店说：这些店家都设置有专用的减少鱼儿痛苦的电击箱。顾客选中了哪条活鱼，营业员就按动电钮。几秒钟后，一条直挺挺的鱼就放置到了电子秤上，双方结帐了结。这一切在德国人看来是很正常的。反之，如果谁提了条活蹦乱跳的鱼儿招遥过市，则是"大逆不道"的。

■ 赏析

看来，日耳曼人的传统里的确有一种"人道主义"的意味儿。在他们看来，所有生命的载体都同样重要，都同样要给予生命的关爱与尊重。正像一条鱼，在它成为食客的佳肴之前，必须首先让它"安静地死去"。与之相反，时下有些精明的人们却发明了一道道令人瞠目结舌的菜肴，什么"活鱼活吃"，什么"生吃猴脑"……

人家日耳曼人都放下屠刀，立地成佛，更何况某些国人呢？

■ 你是这样的夕阳

>> 郑 玲

夕阳，你这年轻的热血沸腾的灵魂，谁说你是垂暮？我的日之将尽的哀伤被你升华了，我祝愿我生命的黄昏，也有你这样一轮落日！

你是这样的夕阳：饮醉了的阿波罗在云霞的沙滩上漫步。你以你宇宙首富的慷慨把红宝石洒在所有的物体上，分离的、对立的、彼此抵触的颜色都统一于你灿烂而幽邃的红光之中。你无意于统治天空与大地，而万物却献给你一个灵魂的王国，凡是被你照耀的都醉入你的怀抱。

你是这样的夕阳：你用浓郁的幻想氛围笼罩现实，引着梦幻翩翩而来。望着你，我全身的精力往瞳眸里凝聚，成了亮眼睛的鸟雀，石头，却成了人。你看，那个绝望的失意者正从坡谷奔向江心，想躲到水的深处去避世，但他一抬头，肃然止步了，他被震撼了。原来宇宙中有这样的大美，有这样包容一切的宏富！而人，为什么连自己都不能接受自己？为什么要在矛盾与分裂中消耗精力让真正的人生从狭隘的视野溜走呢？啊，夕阳，你的光明照亮了他内部的地狱了，他不愿死去，在沉思中化成一尊岩石，年年月月站在那里仰望着你，他眼中饱含泪水，心中充满希望，深信许多幸福与你相联。他那不动欲动的姿态所表现出来的无穷的情思，不可抗拒地迷住了我，竟使我觉得自己与他情愫相通，竟使我也久久地伫立着，仿佛，梦，原是要站着完成的。

你是这样的夕阳：你的光芒音乐般展开又隐去，隐去又展开，拾一架云梯把我从地上升入空中，为我出现另一个星球上的景色。望着你，我身后传来颠沛流离的声音，我恍然听到第一个人来到世界之时发出的一声尖啸，他在被洪水围困的陆地上凄惶地奔跑着，好象地球不是他的家。也许，地球只是人的逆旅，人的故乡在上空。要不，人们为什么老是想要"乘风归去"，老是向往火星月球？我猜想，那些地方的人们不是弗洛伊德的病人，而是身心健康的自我实现者，是充分发挥了创造力的人，是没有任何力量可以从外部把他击败的拥有信念的人！啊，夕阳，我真想返回你给建造的这座既古老又现代的心灵的迷宫，为了追寻我理想的人类，即使迷失在里面，被你的剧热所消融，我也会化为江水，流到每一个渴望美的人的梦里！

啊，夕阳，你是怕我想得太缥缈了吗？你的光芒渐渐向下，暗示我该回到人间了，我又站在这座高山上了。此刻，云彩们穿着奇丽的服装进进出出，天边舞台上正演出《人生》，花园的侧门轻轻地启开，蓝色探戈的音乐从大厅里怅惘地流了出来，你，一位着红色制服的年轻的军官悄悄地走到外面，解下你的战马，即将跨上征鞍，你的乌云女郎匆匆地赶来了，她的玄色披风轻拂，张开风的翅翼拥抱着你，千言万语都说过了，时候到了，你只好温存而坚决地挣脱出她的双臂。她深知，为了使命，你将付出生命的代价。因为除了生命，别的代价都嫌太轻。她洒下大滴大滴的泪珠，随即缩小了，化成一朵黑郁金香别在你胸前，随着你隐入山的那边。有一滴泪，落在我的唇上。

这时，深山某处的一口孤钟，敲响了一种历史的壮丽！

啊，夕阳，你这年轻的热血沸腾的灵魂，谁说你是垂暮？我的日之将尽的哀伤被你升华了，我祝愿我生命的黄昏，也有你这样一轮落日！

■ 赏 析

　　在诗人心中，夕阳不再是"垂暮之年"的象征，而是"年轻的热血沸腾的灵魂"。它博大宽厚，以"宇宙首富的慷慨把红宝石洒在所有的物体上"，使"分离的、对立的、彼此抵触的颜色"在它"灿烂而幽邃的红光"中"统一"为和谐的图画；它以"浓郁的幻想氛围笼罩现实"，能使"绝望的失意者"重新燃起心中的希望。"深信许多幸福"的"梦"。"要站着完成"；它的光芒犹如"一架云梯"，把人的想往引入空中，让人看到"另一个星球上""理想的人类"；即使在它即将隐去的时候，还要在天边演出《人生》的壮剧，直到"为了使命"而"付出生命的代价"。这就是真正的"夕阳"，它显示的是"一种历史的壮丽！"。

寻找尘封的轨迹

>> 大 卫

我就像在迷途中遇到了一个智者，遇到了一位大师，遇到了一位至情至性的圣人，从他们渊博的学识中分得一点点可以觉迷和超越的理性。

一个偶然的机会我走进西安的碑林〔注〕里，仿佛恍然间走到历史的莽原上。

一座座四楞方方的石碑，虎踞龙盘，各抱其势，就是指示历史方位的坐标。他们中间有的正襟危坐，道貌岸然；有的愁眉苦脸，悲天悯人；有的向隅而坐，落落寡欢，却各以自己不同的姿态、不同的眼光、不同的谈吐、不同的感情，来揭示历史发展的横向和纵向的走势。他们即以坚硬的筋骨背负着几千年的岁月，面对这一个博大精深的未来。

我一一地辩认着那些轮廓分明的石碑，就像在莽原上细小地寻找着指示方位的路标一样，每见到了一块都会使我感到激动，感到惊喜，感到亲切，我会急促地走上前去用手抚摸着它那冰冷的身子，想亲近地同它说几句话，就像在茫茫歧路、仆仆征程中遇到旅伴一样。面对那一座位高居卑的石碑，我就像在迷途中遇到了一个智者，遇到了一位大师，遇到了一位至情至性的圣人，从他们渊博的学识中分得一点点可以觉迷和超越的理性。

我悄然地走在了石碑中间，望着那一块块粗砺浑噩的躯体，恍惚望到一颗颗从银河中倏然坠落下来的天体和流星。他们在不同的时间里在不同的方位上，从自己运行的轨道上失落下来，跌到沉淀后的历史尘埃里。他们过去曾熠熠闪光。昭然灿朗地聚在众星国里，令人神驰，夺人眼目。现在虽然已经不发光了，但是发光的痕迹仍在；虽然不再运行了，但运行的生命力仍在。望着一块块陨落的天体，就如同站在大自然的智慧面前一样；该去的谁也无法挽留，长存的谁也无法让它消失，这些石头的思维岂不就是历史的思维！

最使我景仰不已、身心陶醉的是西汉和隋唐的造型艺术。那一座座石雕的犀牛、驼鸟、狮子和骆驼，体态粗犷豪放，筋骨浑然天成，就像有生命的气息还在那宠大的躯壳里流动一样，雕塑艺术在这里放射出奇光异彩。我不知道这些光彩后来怎么散失了，就像我不知道那些流星和陨石是怎么从运行的轨道上坠落下来一样。我不知道它们怎么会被宋明理学捆缚的那么紧，个个都变成了工笔画，呆刻直描，繁文缛节，失去了艺术的性格的灵魂，如同一个模子造出来似的，西汉品貌，隋唐风骨，在蓦然回首之间消失不见了，就像西访艺坛上猝然不见了雅典巴狄农神殿前的群雕一样。但是，苏醒毕竟是至关紧要的，从哥伦布开始的伟大探索，帮助人们寻找失落的自我。辉煌的理性，就是复兴希腊和罗马的文艺。米洛的断臂维纳斯和拱券结构的罗马大水道，就是帮助他们在历史莽原上进行寻找的纵横坐标。

我们在丛立的碑林中认真地辨认着，想看看我们东方的文艺复兴是从什么时候开始的！那些让我震惊、战栗、躬身致敬的碑刻和石雕给我的回答却是声音极为微弱的，强烈的冲动和浓厚的复兴意识都蕴含在那粗砺浑噩的躯体之中。当然，那其中也有许多篇碑文在述说他们是怎样在历史莽原上寻找失落的自我的。它们也有不朽的功绩，那就是在最成功的地方否定自己，在最得意的地方突破自己，在最倾心的地方超越自己，努力在无穷的变化中求得复兴和再塑。

　　我诚惶诚恐地在碑林中走着，带着崇仰景慕的心情和捉摸不定的感觉，从那一座座四楞方方的石碑跟前走过。我的心扉以最大的角度敞开着，以至于看到了那些不细心的人睁大了眼睛也难以看到的细微神情，听到了那些内涵深远的无语述说。

　　我，默默地从碑林中走过。

　　〔注〕西安碑林：北宋元祐五年（1090 年）为保存唐开元年间镌刻的《十三经》而建立起来的碑石集中地，共有碑石墓志一千多块。其中有唐玄宗亲笔用隶书写成的"石台孝经"刻石，有四块高五米宽三米的青石拼合而成。"开成石经"共有 114 石，两面刻写，计有一百六十万字，又称十三经，是我国现在最完整的经籍石刻。又如著名的《大秦景教流行中国碑》，记述了千余年前基督教中一派的景教由中亚传入我国的情况。还有唐代中尼合文的"陀罗尼经幢"是唐代我国人民和尼泊尔人民友好交往的见证；唐徐浩书《广智三藏碑》记载印度僧人一生在中国的经历以及密宗传入日本的师承关系。

■ 赏　析

　　和石碑交谈，倾听那"极其微弱"的声音，那是在历史的"莽原"之上失落的声音，那是凝重的浑圆的智者的声音！轻轻地撞击着"我"的灵魂，叫"我""景仰不已，身心陶醉"。

　　"望着那一块块粗砺浑噩的躯体"，我抚摸到了"历史的思维"，并"分得一点点可以觉迷和超越的理性"，"我"真正感知到有一种多么强大的力量，在鞭策着我，推动着我"超越自己"，"努力在无穷的变化中"再塑自己。

长城长

>> 刘 扬

　　阳光洒下来，砖墙反射出一片泛着红光的金色，盛唐的梨院歌声萦绕耳畔，李白披着月色，挥着长剑，"长风破浪终有时，直挂云帆济沧海！"高吟着豪情与洒脱。

　　走近它的时候，周身的血液都在沸腾，不知是为岁月的久远，还是历史的凝重。

　　踏上它的时候，我在静静地感受着脚下那个很古老的梦。人群之中笑声盈耳，我的心中却唱着这样一首歌——《长城长》。

　　触摸它的时候，指尖的冰凉渗入我炽热的血液。梦境、歌声，交织成一片斑驳的青灰，一段让人们去品味的时光。

　　它在这里默默地观望了许久，如同一位清明智慧的长者，不管历史在它之前还是之后，它都懂。也许，它懂得自己每一块砖都汇聚着无数人的血泪，它懂得自己每一处弯折都象征着历史长河中的微波。

　　走在长城上，如同走过历史的长廊。

　　青灰，幻化为洞穴的阴暗，清冷的月色。忽然，荒原上燃起最初的火种，驱散了冰冷的原始与落后。人们第一次享受了劳动之后美妙的收获。华夏大地逐渐繁荣。人们喜欢夜晚天幕上的繁星，喜欢在几片兽骨上刻下符号或是部落的图腾。

　　颜色又有些微黄。那是五霸七雄的战旗与铠甲在风中作响？是始皇问鼎天下后得意的笑声？还是荆轲衣袂飘动时拔剑出鞘的剑气如虹？我侧耳倾听，却听到江水澎湃，似乎是屈原在放声悲歌："长太息以掩涕兮，哀民生之多艰……"原来，已是战国。

　　阳光洒下来，砖墙反射出一片泛着红光的金色，盛唐的梨院歌声萦绕耳畔，李白披着月色，挥着长剑，"长风破浪终有时，直挂云帆济沧海！"高吟着豪情与洒脱。

金黄转而恢复青色。是淡雅的宋代仕女图，是苏州的青石板路和小巷的烟雨朦胧……

我一步一步地走着，凝视那古旧的砖墙，如同在翻阅厚厚的史书。我读着明清的悲凉与凄楚。读着战争的硝烟与残酷，读着许许多多多爱国志士的悲愤与感慨。于是，青灰色的墙上似乎隐着淡淡的血痕。我想，那一定是正义的鲜血，是在沉默中爆发出来的可以扭转乾坤的信念与力量！

我终于登上了北六楼，极目远眺，身后的城墙静静卧在青山中。它一点都没有眩目的光彩。然而那斑驳的青灰却勾起我无数的遐想。也许，它在每一个中国人的心中，就是以厚重的分量与深刻的内涵占有着无与伦比的位置。回来寻根的老人用面颊紧紧贴住城墙，嘴里念叨着热爱与眷恋，把两行热泪洒在美丽的故土上。回顾历史的年轻人，走过攀登的道路，抚摸过斑驳的砖墙，就会渐渐明白：长城，永远是中华民族的图腾，是我们永恒的信仰。镌刻在长城上的历史永不可改写，镶刻在上面的中国人民智慧和勤劳永远与巍巍青山同在。

■ 赏 析

这是一部纵横古今的历史。站立于长城之上，你可以静静地感知历史的凝重，你可以任五千年绵延不断的长风掀起你的衣袂，掀起你澎湃的激情！

长城长，它汇聚着多少人的血泪；

长城长，它溶聚了多少中华民族的豪情！

莅临长城，回顾历史，让漂泊的五指触摸那一片片"斑驳的青灰"，让我们年轻的生命充盈着永恒的信仰。把苦难的回忆深深烙入心底，把希望高高竖起……

■ 可爱的雨

>> 孙 静

被太阳晒得干燥的沙粒此刻好像重获生命，在风中潇洒地旋转着，不时卷起一片片枯叶在和地面亲热地跳起"贴面舞"。

"六月的天，孩子的脸——说变就变。"刚才还是碧空万里，转眼间便刮起大风。被太阳晒得干燥的沙粒此刻好像重获生命，在风中潇洒地旋转着，不时卷起一片片枯叶在和地面亲热地跳起"贴面舞"。不一会儿，乌云渐渐汇拢在一起，布满了整个天空。

下雨了。先是一滴一滴地轻轻打在身上，一种说不出的惬意。很快，雨点成串落下来，像一条条晶莹的项链从九重天上抛下，落在地上"啪"地绽开，裂成一粒粒水晶。我用手捂住头，三步并作两步地跑回家。兴致未尽，便又走上阳台。放眼望去，"项链"被抛入河中，激起无数涟漪，立刻便又退去了。雨越下越大，天地间似乎挂上一张密密的珠帘。一切都是那样朦胧。房屋、树木、行人在雨中模糊不清，不绝于耳的只是雨点亲吻地面、窗户的声音。路上盛开的朵朵美丽的花慢慢涌动着，那是鲜艳的花伞，为这朦胧的雨平添了几分绚丽。

雨渐渐小了，如烟、如雾，重新轻柔地抚摸着一切。翠绿的柳条伸长了胳臂试图将它拥抱，而它却调皮地顺着柳条的指尖悄悄溜走。

牵牛花把自己的身子卷成一个漏斗形，急急伸向那一片烟雨。也许是善良的雨姑娘为它的虔诚打动，将晶莹的甘露一滴滴盛在牵牛花的杯中，直至杯子已经装不下而溢出。

云慢慢退去，雨也很不情愿地停下了。太阳又向大地露出笑颜。

走出房屋，来到晴空拥抱下的大地。刚刚喝饱了水的泥土散发出一阵阵清新的气息，像一支亮丽的歌。我仿佛置身于无边无际的田野之中，感到心旷神怡。

被雨水冲洗过的柳条显得格外清亮，叶子上那层薄薄的水还未退去，在阳光的照耀下就像一层雾轻轻罩着翠绿的叶子。

几曾枯萎的豆角簌簌地晃动着柔软的卷须，爬上了昔日高不可攀的竹篱顶端；一朵朵绽开的花儿送上自己醉人的幽香，悄悄飘入人们打开的窗口……

雨水冲去了往日的尘埃，也洗去了人们心中的烦躁。孩子们三个一群，两个一伙在花瓣上、树叶上寻找着"珍珠"，也许是想摘下做条漂亮的珍珠项链吧！

……

如果说太阳带给我们一片光明的天地，那么雨水留给我们的便是一个清凉的世界。雨，使一切更加年轻，使这世界更纯净。呵，可爱的雨……

■ 赏析

文章从不同方面表现了夏雨的"可爱"。先是描绘雨初下时的情景，"像一条条晶莹的项链从九重天上抛下，落在地上'啪'地绽开，裂成一粒粒水晶石"。以后，雨大了，又像天地间"挂上了一张密密的珠帘"。这是从正面来写雨。

另外，作者从雨中柳条的顽皮姿态，牵牛花的形状以及泥土散发出的阵阵清新的气息，几近枯萎的豆角爬上竹篱顶端等描写，侧面说明了这场夏雨的"可爱"。

■升　旗

>> 王根宇

　　我活着，分明我还有生命；我站立着，分明我还有重力，地球吸引着我。

　　太阳还没有出来，东面的天空只浮着几片血红的云朵。

　　马老师打开办公室那扇破旧的木门，推门而入。"吱呀……"那扇门发出慵懒的呻吟。

　　今天是教师节，所有的学校都放了假。这所只有一个教师的民办小学自然也不例外。然而马老师还是从十几里外的家中赶来了。

　　半晌，他抱着个小小锈迹斑斑的录音机走了出来。那是学校惟一的电器。他把录音机放在地上，又转身走进屋去，捧出面鲜红的国旗，并小心地把它系在笔直立在校门口的那根竹竿顶部垂下来的麻绳上。

　　做完这些，他轻轻地吁了口气，抬头望向东方。血红的云朵早就不知去向了，太阳已把半张通红的脸枕在山头上。

　　马老师轻轻地按下了录音机的键盘。一阵雄壮的乐曲自天外传来，马老师握紧麻绳轻轻地拉动，一边盯着那片鲜红徐徐地漫上天去。

　　一瞬间，他的胸腔被一股无形的情感装填得不留一丝空隙。他想起操劳的妻子无奈的抱怨："一个月那几十块钱，值得你没白天没黑夜地忙？不如趁早卷铺盖走人吧。"他想起孩子无邪的童音："爸爸，什么时候给我买新衣裳？"

他想要喊出什么来，但终于什么也没说。他只是盯住那片鲜红徐徐上天去，漫上天去。

不知什么时候，几个背上背篼的村民在他的身后停住了脚，一齐仰头看那片鲜红。他们一脸庄重。

满世界都是阳光。

■ 赏 析

这里饱含着一位乡村教师对事业的执着追求。

伟大的人格的升华！在如此简陋的条件下，马老师以他的升旗感动了自己，感动了乡民，也感动了我们！

正因为有马老师这样执着的人，国旗才会更加鲜艳；正因为有马老师对事业的无怨无悔，才有了乡村教育的希望和未来！

看呵，"满世界都是阳光"。

■ 礼 物

>> 赵小晴

每当我从书本所描绘的世界中回到现实里，我便庆幸自己碰上了一位知书达理的父亲。

在我家的橱柜上摆着一只精致的船模，父亲从不轻易让我们动它，因为它包含着很久以前一个令人难忘的故事。那是父亲刚当上船长的时候，父亲由于很兴奋，决定从国外给我们带一件礼物回来。

那时我国经济落后，中国人在外国是很受鄙视的，中国船员也不例外。

一天，父亲和几个船员来到一家国际海员贸易公司，熙熙攘攘的人群，五花八门的商品使人眼花缭乱，因为价格都很贵，父亲转了很久才看中了一只船模，于是使用英语要求店员拿出来看看。

那店员看到父亲身着带有中国国徽的船员制服，脸色很不友善，父亲因为很满意那只船模，所以也不计较这些。但在付款时发现船模的舱顶有个缺口，便提出要求换一只。

那店员很不耐烦地拒绝了，后来经父亲他们再三要求才勉强换了一只，却多收了一成的钱。父亲委婉地问他这是为什么，那店员蛮横地说：

"这是外加的劳务费，你们这些中国人就是小气，没钱就别买……"吱里呜呀地说了一大堆，把钱扔到柜台上。

父亲气得满脸通红。这时围上了许多来自世界各地的船员。父亲深吸了一口气，正色说道："无论你用多少钱也买不去中国人的尊严。"说完放下了那只船模，拉起那几个正准备和店员大吵一场的船员走了。

第二天，正当父亲他们老大不快活要起航时，码头上匆匆地赶来了两个人——手捧船模的店员和中国大使馆的官员。那店员握着父亲的手歉意地说："昨天我父亲知道我所做的事，狠狠地责备了我一顿，他说中国船员救过我祖父的命。我很抱歉。当时我想多赚钱……中国人真是非同一般。"

大使馆的官员拍了拍我父亲的肩膀，说："谢谢你维护了中国人的尊严。这礼物你一定要好好地保存。祝你们一帆风顺！"

橱柜上那精致的船模，它是父亲带给我们全家的礼物——象征着父亲的人格，象征着中国人的国格。

■ 赏 析

本文以《礼物》为题，记叙了父亲在国外为"我"买礼物的遭遇。作者显然是取材于父亲回国后的讲述，但写起来是具体、感人的。店员的"不友善"的脸色，"不耐烦地"拒绝，"蛮横地"斥责，是对中国船员的不尊重，也是对中国人国格的鄙视。而父亲的做法不卑不亢，令人敬佩，给人教育。文章以生动的记事为主体，篇末简短的议论提炼出一个极为深刻的主题：捍卫中国人的尊严！

■ 假如我是清洁工

>> 江 蓉

我的生活，将与人们一样，有快乐，有自豪。回到家里，我不用愧对父母，我对社会是有贡献的，面对亲友，我不躲闪，自我介绍时，我会响亮地说出自己的职业。我将以自己的热情、坦率的性格、豁达的胸怀，以及对自己工作的理解与热爱，去赢得人们的尊重。休息时，我也会带上面包，伫立在图书馆的书架前，用我热切的、求知的目光，在那文字的世界里浏览，我会与李白一起放歌于烟波浩渺的扬子江；会与白居易一起聆听琵琶女哀伤的叹息；会为安娜和林黛玉的不幸洒一掬同情之泪：迷惘了，我会踏着林道静和江姐的足迹，去求索人生的真谛。此外，我还要了解贝多芬的命运，欣赏李斯特的钢琴小品；随着多瑙河的浪花跳起青春的舞步……

假如我是清洁工，走在马路上，我会满意那些歌的赞扬，诗的称颂吗？我不知道。但我知道与这歌颂同时并存的。有一股习惯势力，即一些人的忌讳和鄙视，时刻在压迫着清洁工的心！于是自卑，在清洁工的心里扎根、发芽。谁又能否认自卑的苦果呢？

假如我是清洁工，我决不自卑。对从身边捂着鼻子、嘴巴，厌恶地匆匆而过的一些人们。我将显示心灵与外表的统一。让人们感到清洁工同样是美的高尚的。

假如我是清洁工，我决不鄙视自己，我是劳动者，我是社会的主人，我与众多的人们共同主宰着这个国家。当我的身后留下一条条洒着我的汗水的整洁的大道时，我会为自己的成果而骄傲；会把路人的惬意当成安慰。社会啊，本来就是这样一个相互服务的大家庭。在我辛勤工作的时候，我会想到有多少人正在为我而奔忙。

假如我是清洁工，我也不会仅仅满足于工作的辛勤。当我看到扫地时扬起的尘土破坏了天空的明净，玷污了碧叶的清新时，我会深深地感到有愧于心。我要进夜大学自修，学习普通物理、高等数学、机械制图……我要想办法设计出最新型的机动清洁车。只要轻轻地掀动按钮，水雾就喷出来，仿佛初春的雨丝，均匀地洒到路面上。我要留给人们一个明媚的早晨，一颗淳朴的心。

假如我是清洁工，我绝不沉默，或难为情地怕熟人看见。要得到别人的尊重，首先要尊重自己。我的生活，将与人们一样，有快乐，有自豪。回到家里，我不用愧对父母，我对社会是有贡献的，面对亲友，我不躲闪，自我介绍时，我会响亮地说出自己的职业。我将以自己的热情、坦率的性格、豁达的胸怀，以及对自己工作的理解与热爱，去赢得人们的尊重。休息时，我也会带上面包，伫立在图书馆的书架前，用我热切的、求知的目光，在那文字的世界里浏览，我会与李白一起放歌于烟波浩渺的扬子江；会与白居易一起聆听琵琶女哀伤的叹息；会为安娜和林黛玉的不幸洒一掬同情之泪；会听琼玛给我讲她那动人的故事。寂寞了，我会拉着瓦尔瓦拉的手，小学生似的跟她促膝谈心；迷惘了，我会踏着林道静和江姐的足迹，去求索人生的真谛。此外，我还要了解贝多芬的命运，欣赏李斯特的钢琴小品；随着多瑙河的浪花跳起青春的舞步……

这些都是我，一个清洁工的生活——充实、快乐、纯洁，没有丝毫的怠情。向人们宣告："我，一个新时代的清洁工，同样是美好和高尚的，我的价值将与人们同等地放在人生的天平上！"

■赏 析

那些从清洁工身边"厌恶地匆匆而过的一些人们",请来听听一个普通清洁工的心声吧!

劳动是光荣的。不管从事何种职业,只要为社会做出了贡献,就是高尚的。

你走在洁净的街道上时,难道不曾想过这是有着美好心灵,具有良好修养的人献给生活的礼物吗?他平凡,但绝不庸俗;他稳重,但绝不沉默。他有他的理想,也有他的追求。他的生活"充实、纯洁、快乐,没有丝毫的怠情。"

你知道吗?在人生的天平上,清洁工的价值与你等同!

■ 蜜 蜂 赞

>> 许 晨

哪里有蓓蕾吐艳，哪里就有蜜蜂歌舞；哪里有蜜蜂歌舞，哪里必定是花深似海。为了博采万朵鲜花，她们飞越山山水水，遨游花的海洋，这是多么令人惊叹的辛勤劳动呵！

当春风用神奇的彩笔，描绘出一幅山青水秀、繁花似锦的壮丽画卷的时候，在一簇簇姹紫嫣红、馥郁芬芳的百花丛中，飞舞着一群群金色的小蜜蜂。她们忽上忽下，来回穿梭，嘤嘤作歌：

春色惹人醉呵，/花儿对我笑。/我在画中飞呵，/来去不觉累。/博采花万朵呵，/酿出蜜千盅。

不是吗？当东方露出万道霞光，蜜蜂便开始了一天的紧张劳动：刚离开桃林，又飞到梨园；刚告别粉红的紫云英，又飞向金黄的油菜花；刚采完含笑的牡丹，又飞往争妍的芍药。哪里有蓓蕾吐艳，哪里就有蜜蜂歌舞；哪里有蜜蜂歌舞，哪里必定是花深似海。为了博采万朵鲜花，她们飞越山山水水，遨游花的海洋，这是多么令人惊叹的辛勤劳动呵！然后要把这些奇花异卉的蜜汁酿成珍贵的蜂蜜，还需要进行一番呕心沥血的独特加工，"万花酿甜蜜，蜜成花不见"，这是何等卓越的创造啊！

春天来了，有多少美丽的昆虫飞鸟在争奇斗艳：五彩缤纷的蝴蝶翩翩起舞，歌喉动听的黄莺婉转歌唱，……然而她们都不过是春天的点缀品罢了。只有勤劳质朴的蜜蜂，不知疲倦地劳动，热心地为百花做"媒人"；当"敌人"来侵犯时，她们奋不顾身，团结御敌。

蜜蜂呵，我赞美你。你是无私无畏的勇士，你把一切毫无保留地献给集体，献给大自然。这是何等崇高的品质！

亲爱的同学们，当你由衷地赞美蜜蜂的时候，是否深入想过：蜜蜂的高尚品格，难道对我们的学习和生活没有启示？

■ 赏 析

恬读《蜜蜂赞》，犹如喝上醇蜜一样舒坦。

这"无私无畏的勇士"，这"博爱花万朵"的精灵，不知疲惫地穿梭着，歌舞着，她们"把一切毫不保留地献给集体，献给大自然"，她们用真诚的爱回报"花深似海"的春天！

于紧张的劳作之中享受幸福，于"卓越的创造"之中完美一生。

朋友，以蜜蜂那里，你得到哪些启示呢？

■ 猫

>> 杨 乾

人和动物毕竟都是大自然里的成员，何必怒目相对呢？还是和睦相处，以求"人泰兽安"为好。

在所有家禽家畜中，猫大概要算是格外幸运的一种了。

但凡鸡鸭猪鱼之类的，待膘肥体壮后，总难逃抹颈之灾。而猫呢？许是因为温顺乖巧、娇小可爱吧，总是养尊处优，甚而听见杀鸡的惨叫声时，它竟能眯缝着眼，悠悠地卧在一边，幻想能分到一块鸡肉时的满足，似乎毫不知同类正受着绝大的苦痛。

猫有着绝妙而多变的嗓音。饥饿时，它会"嗷嗷"地哀求，跟前跟后，让人不忍再听；满足时，它能柔声柔气地"咪咪"地轻唤，时断时续，似有说不完的感激；惊恐时，它又会睁圆了眼睛，竖直了耳朵，发出低沉的"呼噜呼噜"的声音，让你突然觉得如果连这样柔弱的小生命都不去保护，那将会受到良心的谴责。就这样，猫以它独特的表达方式博取了人对它的同情。也正因为如此，才常会看见富太太的毛皮大衣里伸出一个可爱的小脑袋，满足的神情让人看了不免会生感慨。

别以为猫只是无忧无虑地过日子，猫群中也一样有着贵贱之分。同是猫，如果它叫"波斯猫"，那么它会被允许趴在柔软的被窝里；倘若它普普通通，再平常不过，那么等待它的只有冰凉凉硬邦邦的纸盒，它不会常吃到油油香香的小鱼，它不会被抱在怀里被轻抚，它的主人只会说："这只猫真难看，要是有人家贵族猫一半就好了。"

猫虽然会讨乖取巧，但却不善于看主人的心情。于是，主人高兴时，会让它美餐一顿，享受天伦；主人脸色一变，残羹冷炙、剩菜剩饭会一股脑扔在它面前，要么垫饥，要么挨饿，随便！这时，它除了惨兮兮地哼几声外，唯一的办法就是蜷成一团，乖乖地睡觉，等待不知何时会再来的一顿美餐。

曾听一位驯猫的杂技师说，不听话，要么挨打，要么挨饿，饿得头昏眼花了看它讨不讨饶。唉，可怜的猫，原来它的幸福竟完全依附在主人身上！

惩罚动物也许是人想发怒骂人却又没处发泄的最好方式。但是，人和动物毕竟都是大自然里的成员，何必怒目相对呢？还是和睦相处，以求"人泰兽安"为好。

■ 赏 析

这篇文章并不只是状写猫的情态动作，而是把自己的见解寓于对猫的描述之中。文章采用欲抑先扬的手法，先写猫的幸运之处，接着笔锋一转，写猫群中也有贵贱之分：品种不同，待遇不一；主人心情不同，遭遇迥异。这些都是人为的，并不缘于猫群本身。作者由此呼唤人与人之间要真诚相待、和睦相处。行文自然流畅，耐人寻味。

■ 我黑黑童年

>> 孙　婷

无忍则无济，有爱即有忧，这是倒过来思考，不是大哲理，却是很多人做不到的。

岁月悠悠，每当我在人生的长河中泛起回忆的小舟时，我最先想起的就是我童年时代的伙伴——小狗"黑黑"。

孩提时我最羡慕小伙伴牵着狗到处玩耍，于是便整天缠着爸爸要狗。终于有一天，爸爸给我抱来一只小黑狗，它才出生三天，还没有睁眼哩。虽然身架瘦瘦的，但全身的毛却黝黑发亮，绝无杂色，我高兴极了，找奶瓶，冲奶粉，忙得不亦乐乎，还给它起了个名字叫"黑黑"。从那时起，黑黑就成了我最亲密的伙伴。不知是从小失去母爱，还是别的原因，它始终胖不起来，所以小伙伴们都不太喜欢它，而其他的狗还狗仗人势地欺侮它。每当这时，我就会挺身而出，保护我那势单力薄的黑黑，全不在乎小伙伴们说我不讲理。

我在自己的床上给黑黑铺了个草垫子。每晚让它睡上面。早晨，爸爸带我和黑黑一起去跑步。黑黑跑得快极了，而且弹跳极好。我教它爬树、上墙、游泳，让它跟我一起看《警犬卡尔》，还跟它一起堆积木，还给它念儿歌……

我的黑黑特别懂事，很小的时候就能看家了。夏天的夜晚，屋子里闷热得很，家人在院子里支起一个小铁锅，煮饭烧菜。黑黑蛮认真地坐在一旁看着锅。几只老母鸡闻得菜香，结伴而来，黑黑却不念及早晚跟它们一起玩耍的交情而开后门。为了奖励忠于职守的黑黑，每每饭前，我总是请黑黑跟着我一道"先尝尝"。

几年过去了，我换了大床，黑黑也长大成了一条成熟的大黑狗了，我和黑黑的感情自然也与日俱增。

七岁时，我上了小学。第一天上学的早晨，黑黑摇着尾巴跟在我的后面。妈妈不许我带它，我不得不一遍又一遍地往回赶它，可它还是慢慢地跟在我后面。没办法，我只好忍痛把它锁在家里。

小学三年级时，妈妈说我和黑黑在一起既不卫生，又耽误时间，打算把它送给人。我坚决不答应。可是有一天下午放学，我的黑黑不见了，我找遍了所有黑黑可能躲藏的地方都没有找到。我的黑黑是不会跟生人走的，一定是妈妈把它送人了，我的心像被掏走了。天已经黑下来了，我还一动不动坐在那儿。突然，外面传来一阵熟悉的响动，我一跃而起，撞开了门——外间一无所有！一切都是幻觉！

后来，妈妈告诉我，她把黑黑送到山里去了，去跟人打猎去了。我难过极了！

几年前，一次，爸爸到山里串亲，回来说，黑黑在山里跟人打猎很勇猛，后来被一只狍子咬伤了腿，再后来就死了……我听了泪如泉涌，我的黑黑死了，再也不会回来陪我了！

噢，我的黑黑——我的童年——我的失落的梦……

■ 赏 析

本文主要就是以其真情取胜。作者以拟人手法，赋予物以人的情感，将人与物之情交织，融物我于一体，心心上相印，寄托着"我"童年岁月的情趣，表现"爱心"的主题。而这一主题正是作者通过与"黑黑"的亲切而愉快的相处形象地表现出来的真情，因而其描述才能震撼人心，引起强烈共鸣。

■ 珍珠与蚌

>> 莫 洛

　　砂，它并不是立意要变成一颗珍珠，所以它才向蚌的怀里投入，把生命的光辉求助于蚌；它在投入蚌壳之前和之后都没有想到，然而却于无意中给了它以成为珍珠的机缘了。

　　一颗珍珠！

　　它原来就是一粒砂，——你是知道的，一粒砂，只不过由于一个偶然的机缘，它掉入蚌壳里；它不知道自己的梭角，自己的坚硬，可是却给蚌带来了痛苦，——你可以想象；一片灰屑飞进你的眼睛，你会有着如何的一种感觉。——于是蚌要挤出它，或者消灭它；然而它没有被挤出，也不会消灭，这钉在蚌壳里面，永远给蚌以痛苦。于是在无可夺何之中，蚌以它的唇，以它的肌肉，磨它，舐它，卷动拭擦它，而且也以唾沫洗它，浸它，润滑它。大海的时间在浪涛的呼啸中过去……。悠长的时间过去了，砂没有离开蚌，却改变了：它变成圆润，光滑，坚硬，半透明，泛着淡淡的暗光，一种永恒不变的光泽。

　　哦，一颗珍珠完成了。

　　一颗珍珠？不，它本质上是一粒砂；但它却已成为一颗不变色泽的珍珠了。

　　是永恒的光泽，不变的光泽；但它有着它自己的砂的土色，只不过它会闪柔和而美丽的光，闪朴素而真实的光。

　　但它已有永久的价值了。

　　请你记取：从一粒砂到一颗珍珠的过程。

可是你也会这样想着吧：砂，它并不是立意要变成一颗珍珠，所以它才向蚌的怀里投入，把生命的光辉求助于蚌；它在投入蚌壳之前和之后都没有想到，然而却于无意中给了它以成为珍珠的机缘了。

你也会这样想着吧：蚌，它并非有心要制造一颗珍珠，它根本没有发现自己惊人的天才；也并非愿意和痛苦作伴，它坚执的生命却一心想排除痛苦，排除给它以不要的刺激的砂粒；然而在斗争的过程中，它却连自己也难以置信：一颗世间罕异的珍珠已由它完成了！

采珠的人将珠采去，将蚌壳搁弃在海滩上；蚌虽死，衷心却是得到安慰了。

然而你会知道：世界上，砂多，珍珠是很少的；浅海中，许多蚌都因时间给它的衰老而腐烂了肉；而完成珍珠的蚌却是不多的。

于是我想起你来了。

我说：让你的生命的唇坚执地舐咀着痛苦，你来完成珍珠一样的人生，永恒的光泽。

……我说了珍珠和蚌，但我希望你接着就能想到：人，时代和生命的真实。

■ 赏 析

人生，有时会遭遇不期而至的苦难。在苦难中，人们也会有截然不同的生活态度：有的人因苦难而沉沦自弃，有的人则坚韧地与苦难斗争，在斗争中完善了人生。该篇散文揭示的就是这样的生活真谛。

作者通过珍珠的形成过程，形象地表达了这个人生哲理。那"世间罕异的珍珠"正是蚌以"坚执的生命"在痛苦中"斗争"才能最终完成的啊！其寓言式的哲理内涵发人深省，是一篇思想和艺术臻于完美统一的佳作。